Antimanual de sexo

VALÉRIE TASSO

Antimanual de sexo

temas'de hoy.

Obra editada en colaboración con Ediciones Temas de Hoy – España

© 2008, Valérie Tasso
© 2008, Ediciones Temas de Hoy, S.A. (T.H.) – Madrid, España.

Derechos reservados

© 2009, Editorial Planeta Mexicana, S.A. de C.V.
Bajo el sello editorial TEMAS DE HOY
Avenida Presidente Masarik núm. 111, 2o. piso
Colonia Chapultepec Morales
C.P. 11570, México, D.F.
www.editorialplaneta.com.mx

Primera edición impresa en España: febrero de 2008
ISBN: 978-84-8460-691-8

Primera edición impresa en México: marzo de 2009
ISBN: 978-607-07-0114-6

Impreso en los talleres de Litográfica Ingramex, S.A. de C.V.
Centeno núm. 162, colonia Granjas Esmeralda, México, D.F.
Impreso en México – *Printed in Mexico*

Índice

A Jorge, mi compañero de viaje.
A mi padre, que ya ha emprendido otro.

Nota de la autora

Se ha cambiado el nombre de algunas personas para hacerlas personajes, y de algunos lugares para hacerlos los escenarios que nunca habitaron.

Algunos se merecen preservar su intimidad, otros están condenados a ello.

Las situaciones, para bien o para mal, son todas reales en la escenografía de este baile de máscaras.

Los amados conservan el nombre, los amantes conservan la piel.

De puntita, nada más...

Hace unos años, cuando yo era una chica perdida (una de esas que, como decía el cómico, son siempre las más buscadas), solicitó mis servicios de compañía un hombre que se hizo llamar Alberto. Llegué a la cita como acostumbraba, cinco minutos antes, pubis bien recortado, las bragas de blonda de La Perla y mi mejor sonrisa. Confieso que la apariencia de Alberto me decepcionó un poco. Aunque no debía de alcanzar la cincuentena, tenía un aspecto envejecido y un tanto descuidado, un vientre prominente, una barba que había crecido sin muchas atenciones y unos ojos más cerrados que abiertos. Después de saludarme sin mucha efusión (parecía que lo había despertado de un largo sopor), dirigió su mano hacia una mesita que hacía las veces de recibidor y, de un cajoncito medio descolgado, extrajo una cartera de bolsillo. Sacó unos billetes y me los alargó preguntándome si era eso lo convenido. Afirmé con un «sí» muy francés y le pedí permiso para llamar a la agencia. Movió las manos hacia arriba como diciendo que adelante, que eso tampoco le importaba demasiado. Cuando hube confirmado a la agencia que todo estaba correcto, le pregunté mirándole directamente a sus ojos entornados qué le apetecía hacer. Esta pregunta solía tener un efecto estimulador en los clientes, normalmente les encendía los ojos como cuando al niño le das la piruleta que lleva un tiempo mirando desde el escaparate. Alberto no varió su aire cansino. Me informó que la película había empezado hacía apenas diez minutos y que por el tiempo que había contratado conmigo, quizá pudiéramos acabarla de ver. Me inquieté extraordinariamente. Nos sentamos sobre un viejo *chester* de color bermellón frente a un televisor de no más de catorce pulgadas y vimos la película entera. Era una obra de Alain Resnais, *Hiroshima mon amour,* en versión francesa original subtitulada en castellano. Es algo muy infrecuente el que un cliente solicitara tus servicios para luego no mantener relaciones sexuales. En los meses que ejercí esa actividad, sólo me ocurrió dos veces y en ambas ocasiones se mezclaba el sentimiento de satisfacción por obtener unos ingresos sin grandes esfuerzos con la preocupación de si lo que había sucedido era porque no había sido capaz de seducir al cliente. Durante la emisión de la película, le hice tres o cuatro comentarios a Alberto a los que él apenas respondió con un monosílabo. La hora contratada se cumplió faltando unos diez minutos para el final de la película. Sin embargo, mantuve la vista fija en aquel pequeño receptor encastrado en un muro infinito de libros. Cuando surgieron los créditos sobre las imágenes, Alberto se levantó y me dio las gracias. Fue la única vez en la velada en que me atreví a hablarle con franqueza. Le pregunté directamente por qué no había mantenido relaciones sexuales conmigo. Me miró como sin querer, como pidiéndole perdón por algo a alguien y me dijo: «Hija... el sexo no existe».

En aquel momento, pensé que quizá se refería a que padecía alguna disfunción que le impedía mantener relaciones sexuales, a que estaba desencantado del sexo o que era simplemente un excéntrico. Sin embargo, no sé si fue su vista siempre entornada como una puerta mal cerrada, el alud de libros que amenazaba con caer sobre nosotros cada vez que Emmanuelle Riva susurraba el texto de Duras o el cómo se rascaba metódicamente la rodilla izquierda, pero algo me decía que aquella afirmación contenía en sí misma algo muy poderoso, siniestro y salvajemente cierto que yo, en aquel momento, no llegaba a alcanzar. Distraje mi atención enseguida, la noche no había hecho nada más que empezar y una pareja me esperaba en un lujoso piso de la zona alta de Barcelona. A Alberto no volví a verlo. No volvió a llamar a la agencia.

Aproximadamente cuatro años después, hacía el amor apasionadamente (y pocas veces este adverbio ha tenido tanto sentido) sobre otro *chester*, esta vez ocre, con Jorge. Llevábamos horas o quizá días, o quizá varias vidas, confundiéndonos el uno con el otro, perdiéndonos y volviéndonos a encontrar. Cuando Jorge bajó las escaleras de su estudio, esquivando pilas de libros y cosas, miles de cosas, para traer unas magdalenas que nos repusieran un poco, se me ocurrió preguntarle si lo que habíamos hecho e íbamos a seguir haciendo era sexo. Giró la cabeza y su pelo largo y lacio le tapó un ojo. Me sonrió mientras la luz del lucernario dibujaba otra vez su forma y me dijo muy suave, como no queriendo despertarme: «No existe el sexo... sólo lo que hacemos con él».

A Jorge, a diferencia de Alberto, sí volví a verlo. Desde aquellos días que se enredaban sobre ellos mismos y sobre nosotros, no me he separado de él.

Michel Foucault, con quien he tenido todos los placeres, salvo el de la carne, expuso una idea interesantísima. A partir de cierto momento, que él situaba en la época victoriana, el sexo se oculta hablando de sexo. Esta fórmula, que parece una contradicción (un oxímoron, por si hay algún retórico que esté leyendo estas líneas), resulta de una eficacia demoledora. Reprimimos el sexo no por ocultación, sino por sobreexposición. Para ocultar la amplitud y la magnitud del sexo, y para hacer de él algo controlable, hablamos y hablamos sin cesar de lo que del sexo no nos perturba. Hasta que el sexo deviene algo estrecho y manejable, hasta que hablar de sexo deja de ser un tabú, hasta que lo que es un tabú es el sexo en sí mismo.

Cuando Alberto y Jorge negaban la existencia del sexo, negaban el discurso normativo y moralizador del sexo; negaban «la forma» que con palabras, millones de palabras, le hemos dado al sexo.

Negaban, en definitiva, lo que a lo largo de este libro he dado en llamar el «Discurso normativo del sexo»; lo que nos quieren hacer creer que es el sexo, pero que en realidad no es más que una representación moralista de él.

Esta forma que tiene un discurso normativo, una especie de programa ideológico, lo hemos generado para afianzar un «Modelo» de sexo, nunca el sexo en sí mismo. El autor de ese discurso ingente que llamamos sexo ha sido y sigue siendo uno sólo: la moral. Independientemente de cómo venga vestida; la religión, la medicina, las ciencias humanas... la moral se ha hecho dueña y señora del Modelo de nuestra sexualidad. Un Modelo que se apoya en tres patas; el coito, el falo y la pareja.

El coito es la práctica estrella del Modelo. Mientras nos masturbamos, nos leemos unos a otros pasajes eróticos u observamos cuerpos desnudos, somos seres «improductivos», no nos reproducimos. Por ello el Modelo coitocéntrico ha hecho de todas las prácticas unas modalidades de «calentamiento», preparatorias para el gran objetivo final: la penetración.

El falo es el elemento, dentro de este juego, que más le preocupa al Modelo. Su falocentrismo permite explicar la sexualidad humana desde un punto de vista exclusivamente masculino. ¿Quién no sabe lo que mide de media un pene? ¿Cuántas mujeres saben lo que mide su vagina? Otro ejemplo más: ¿por qué en el siglo XXI seguimos desconociendo la veracidad y la constatación física de meras suposiciones en la maquinaria erótica femenina como el punto G, como la eyaculación femenina (si se puede producir o no y de qué estaría compuesta), como la existencia de un orgasmo exclusivamente vaginal, etcétera, etcétera, etcétera? Frente a todos estos elementos que la cultura falocrática ha convertido en casi mitológicos, como los elfos, el Big Food o Nessie, conviene hacerse la pregunta correcta. Y quizá la pregunta no es si existen, sino por qué no lo sabemos todavía.

La pareja es la sociedad erótica por excelencia del Modelo, porque es un Modelo «familiar», que exige que el fruto del sexo (el sexo sin fruto, como hemos dicho, no vale) sea protegido, educado, humanizado, responsabilizado. Eróticas que trasciendan el binomio pareja son consideradas todavía hoy anomalías y depravaciones o, en el mejor de los casos, simples extravagancias condenadas y originadas indefectiblemente por la falta de amor.

Este «sexo de manual» homogeneizado, uniforme y controlable se construye, en su discurso normativo, de aseveraciones normalmente falsas que, a fuerza de ser repetidas hasta la saciedad, acaban convenciéndonos no sólo de su veracidad, sino además de la falta de alternativa. Es como la cadena que no es más que una consecución de sus eslabones. Esas afirmaciones infinitamente repetidas y divulgadas, esos eslabones férreos, son los tópicos. Su poder es tal que al igual que algunos politólogos hablaron del fin de la historia y algunos críticos artísticos hablaron del fin del arte, hoy podamos empezar a hablar de la muerte del sexo. Cuando se acaba la alternativa, porque un Modelo se ha hecho único e incuestionable, se destruye la evolución, el desarrollo y el crecimiento. Cuando algo es eso y nada más que eso, empieza a no ser nada.

Contra el tópico, contra el engaño que conlleva y contra la resignación que supone, está escrito este libro.

Cuentan que un día, Platón definió al hombre: «Animal bípedo sin plumas» y que el sabio de Diógenes llevó hasta la puerta de su casa a un pollo desplumado mientras exclamaba: «Aquí tenéis al hombre de Platón». Después de esa lección, el ateniense reformuló su definición: «Animal bípedo sin plumas de uñas planas». En el sexo nos falta un cínico que lleve a la casa del moralista un pollo (o una polla) desplumado(a).

Pero ¿cómo cuestionar un manual sin generar otro alternativo? Hay algunos inmorales que hablan con absoluta precisión del sexo: los poetas. Cuando Leopoldo María Panero inicia un poema con el verso: «No es tu sexo lo que en tu sexo busco», está hablando a las claras desde el sexo. Quizá porque en la poesía, como decía Baudelaire: «La lógica de una obra sustituye cualquier postulado moral».

Pero esto no es un libro de poesía, es un texto divulgativo, descarado y sin miedo. Y sencillo, muy sencillo. Un libro que pretende enfrentarse al manual de uso y consumo, porque nuestro sexo no es un cuaderno de autoescuela ni un piano que haya que afinar y aprender a tocar con una maestría académica y uniforme. Es un texto que pretende desarmar la cadena de palabras con la que constreñimos erróneamente nuestra sexualidad. Y no es un libro para solucionar problemas, es para evitarlos, para evitar generarlos donde no existen, y para preguntar mucho más que para responder.

Es por eso por lo que este libro se titula *Antimanual de sexo.*

En una comedia española centrada en la guerra civil, un desencantado sargento franquista mantenía aproximadamente el siguiente diálogo con un soldado raso de su regimiento:

«¿Y tú, qué haces aquí?», a lo que el soldado perfectamente marcial e instruido respondió: «Estoy aquí, mi sargento, para evitar el advenimiento de las hordas rojas».

El sargento, hastiado de tanta guerra, le respondió: «Pero ¿tú sabes lo que es una "horda", capullo?».

Este libro es para intentar explicar lo que es una «horda», para intentar evitar la formación institucionalizada de más «capullos» (elementos verdaderamente molestos en la cama, en la ducha y en la palabra). Para que luego, desde la libertad que da el conocimiento, cada uno actúe como buenamente pueda o buenamente sea, sin venir aleccionado por ningún otro manual de combate.

Una vez dije que había sido puta. Hoy, quizá, insista en lo mismo.

VALÉRIE TASSO
Noviembre de 2007

Tópicos que desmontar

Hacemos el amor para sentir placer, comunicar o reproducirnos

> *Hecha esta división, cada mitad hacía esfuerzos para encontrar la otra mitad de la que había sido separada; y cuando se encontraban ambas, se abrazaban y se unían, llevadas del deseo de entrar en su antigua unidad, con un ardor tal, que abrazadas perecían de hambre e inanición, no queriendo hacer nada la una sin la otra.*
>
> PLATÓN
> El Banquete

«El sexo es el concepto que tenemos de nosotros mismos como seres sexuados.» La definición no es mía, es de Efigenio Amezúa y a buen seguro regresaré a ella en alguna que otra ocasión. Efigenio nunca ha sido mi amante (al menos que recuerde; las clases que impartía solían acabar de madrugada en los bares que circundaban al Incisex, entre humo y vino tinto, y ya se sabe, la memoria se dispersa), pero sí puedo decir que he practicado mucho, mucho sexo con él.

Fue en una cama de hotel, entre cuatro almohadones de oca sintética y pendiente de que un cretino no me clavara el cabezal estilo Imperio en la tercera lumbar, cuando pensé: «Será porque tengo coño».

Era en verano y Francia le había ganado el mundial de fútbol a Brasil. Había dejado a mi pareja oficial de aquel tiempo, Sandro, en la casa que sus padres, nuestros anfitriones, tenían en un pueblecito cerca de Padua y me había liado en una habitación de hotel con aquel tipo. No recuerdo su nombre, pero como de todas maneras iba a ponerle un seudónimo, poco importa. Nicolini, por así llamarlo (Sandro tenía un enorme gato capado al que llamaban así en honor al «castrato» napolitano), me había proporcionado uno de los encuentros sexuales más aburridos, mediocres e insípidos que recuerdan los anales de la erotología italiana.

Desde que el padre de Sandro me lo había presentado como su socio en un importante negocio inmobiliario, Nicolini no había bajado los ojos de mi modesto escote. En la cena de bienvenida que los padres de Sandro habían organizado en nuestro honor, intentó mostrarse galante y propuso que le acompañara al día siguiente para ver las instalaciones que su empresa tenía en la capital. Accedí, a sabiendas de que Sandro debía quedarse en casa para resolver algunos asuntos. Naturalmente, de la empresa no llegaría a ver ni la fachada.

Cuando vino a buscarme con su chófer, Nicolini estaba sentado en la parte de atrás del coche y parecía una hiena a la que le agitan delante una chuleta. Con un gesto entre firme y descarado le cerré la mandíbula (temía que en cualquier momento empezara a babear sobre mis medias Wolford) y le propuse directamente que me mostrara de lo que era capaz. Por un momento me pareció que aquello le rompía el tour turístico/erótico que tenía previsto y que tantas veces había debido de poner en marcha; deslumbrar con la *grandeur* de su poder empresarial, comida frugal en un restaurante chic pero intimista de muchas liras el cubierto y *champagne* en la cama. Ante ese panorama y esa compañía, prefería ir directamente al *champagne*.

Mientras Nicolini buscaba la postura (hay amantes que deberían aprender que mover el dedo corazón con un mínimo de gracia puede resultar suficiente) empecé a preguntarme por qué estaba «encamada» con este tipo.

Hay una regla valorativa que permite apreciar bien la calidad de un encuentro sexual. Debe aplicarse, según el viejo erotómano que me la prestó, justo en el preciso momento en el que el encuentro sexual alcanza la máxima intensidad. Dice así: «Si ahora puedes hacer otra cosa, hazla...». Si durante el sexo eres capaz siquiera de pensar hacer cualquier cosa que no sea lo que estás haciendo, es que algo no acaba de estar funcionando.

Pues bien, con (y bajo) Nicolini podría haber redecorado la suite, calcular la raíz cúbica de 69 o picar piedra con las orejas. Sin embargo, ahí seguía, oliendo su colonia de Armani mientras me tarareaba al oído una canción de Frank Sinatra, mientras rebuscaba entre mis piernas, mientras gemía entre nota y nota. Fue entonces cuando me lo pregunté: «¿Por qué hago el amor?». Y fue entonces cuando me respondí ingenuamente: «Será porque tengo coño». Aquel verano, en Padua, en el que Francia, en el parque de los Príncipes, había ganado el Mundial de fútbol.

A Efigenio lo conocí muchos años después y supo darle nombre y predicados a las intuiciones que yo había experimentado de cama en cama, de vida en vida, en las trincheras donde no se ganan las guerras, pero se cuestionan. Cuando le oí hablar de «seres sexuados», recordé el episodio del *testa di cazo* de Nicolini y el de todos los otros que me habían permitido preguntarme, mientras follaba, por qué hacemos el amor.

Somos seres sexuados, es decir, provistos de unos órganos sexuales específicos, de un sistema endocrino que nos regula en esa condición y de un esquema cultural de valores que nos aprueba o nos sanciona en su uso. Del mismo modo que somos seres dotados de lenguaje. Ambos, el sexo y el lenguaje, nos conforman y no se miden (ni el pene ni la laringe), son una condición última de nosotros mismos y son «irrenunciables» (uno puede ser mudo o abstinente, pero no por ello deja de ser lenguaje o sexo). Tenemos entonces una condición; la de seres sexuados, pero esto, además de una condición, es una conclusión. No nos podemos salir de ahí.

El pequeño fragmento que encabezaba este texto está extraído de *El Banquete* de Platón. También se conoce como *El mito del andrógino* o *El mito de Aristófanes*. En él se intenta explicar por qué los humanos somos entidades sexuadas. Pone Platón en boca del cómico Aristófanes (quizá con más mala leche que otra cosa) la leyenda de que originariamente éramos seres esféricos (completos y perfectos) de corazón fuerte y animoso. Nuestros géneros eran tres: hombres, mujeres y andróginos. Nuestro valor nos llevó a subir a los cielos y a enfrentarnos al propio Zeus, quien, sin despeinarse, nos dio más que a una estera (los dioses griegos nunca se han andado con chiquitas a la hora de imponer castigos). Nos partió en dos, debilitándonos enormemente, haciéndonos reproductivos (sólo porque así los dioses tendrían más elementos que los alabaran) y condenándonos a buscar durante toda nuestra existencia la mitad que nos habían «seccionado» (el verbo *secare*, que significaba en latín «cortar», tiene como participio pasado *sexus*, de ahí proviene el término «sexo» y «seccionar»). Si originariamente en ese cuerpo redondo éramos mujer, ahora como mujeres incompletas buscaríamos desesperadamente la otra mujer que nos completa, si éramos hombre, buscaríamos otro varón y si éramos andróginos, buscaríamos el género contrario.

Esta *boutade* que el propio Platón cuenta en tono de alegoría cómica refleja la preocupación de antiguo por saber «por qué somos seres sexuados». En todas las culturas, no sólo en la nuestra greco, latina y judeocristiana, existen mitos y cosmogonías sobre la «complementariedad» genérica y sobre esa energía que nos lleva a buscar desesperadamente el ayuntamiento carnal.

Me atrevería a decir lo siguiente: creo que nuestra condición (de seres sexuados) es nuestra motivación (para ponerla en práctica). Practicamos el sexo porque somos sexo. Cuando pensé aquello de «será porque tengo coño» quizá no iba tan desencaminada. Posiblemente Orígenes (uno de los padres de la Iglesia cristiana que se emasculó) también pensara lo mismo que yo, aunque en otra dirección, mucho más «noble» y piadosa (Dios nos libre). Es obvio que en mi «coño» no se implicaban sólo unos genitales, sino, y sobre todo, un cerebro (el gran genital humano) y un sistema de valores que es mucho más difícil de someter a ablación (aunque no resulte imposible... mortificados tiene la Iglesia...).

Es cierto que entre las motivaciones que nos llevan a practicar sexo se pueden enumerar muchas otras. Por ejemplo, la búsqueda de comunicación y de afecto. Después de «una temporada en el infierno», los psiquiatras de la sanidad pública le dieron nombre a mi libertad (para amar y para morir). Es cierto que llegaba tras un segundo intento de suicidio y que no ocultaba mi promiscuidad. Ellos lo tuvieron muy claro y la diagnosticaron (algo muy rimbombante relacionado con los afectos). Yo no. Cuando publiqué *Diario de una ninfómana*, muchos eran los bienintencionados que explicaban mi burlesca «ninfomanía» basándose en que se debía a una identificación entre sexo y amor y que en realidad yo debía de ser una especie de «afectoadicta». A estos comentaristas no les faltaba, posiblemente, algo de razón; mi infancia, sin ser de cuento de Dickens, podía haber sido más completa en estos terrenos afectivos. En cualquier caso, no niego que puede ser cierto que practicamos sexo para «sociabilizarnos», para aprender y para encontrar nuestro sitio (el más alto y el más reconfortante posible) en este entramado perverso y enjuiciador que es lo social; en el ojo del otro.

Otras razones pertenecen al dominio del placer; mantenemos relaciones sexuales porque suelen producir placer. Un tercer grupo de causas que se pueden enunciar son las relativas a la reproducción (verdadero tótem de biólogos, evolucionistas y pastores).

Sin embargo, con Nicolini, yo no buscaba afecto, algo de placer quizá, pero para obtenerlo del sexo no me hacía falta un Nicolini más. Sentido del poder para reducirlo a él y a toda la clase social que representaba a un cuerpo mendicante, posiblemente, afán de reproducción, ninguno. No. Había algo más. Creo que había una necesidad que se anteponía a todas ellas; había la necesidad de ser yo misma, de ser un humano que se confirma en su humanidad sexuada, que quiere, a través de ella, experimentar su condición más profunda, los puntos de torsión de su sistema afectivo, los límites de su corporeidad y el olor del exceso.

Hay otro motivo, quizá un poco más complejo de explicar, que me reafirma en considerar que «mantengo relaciones sexuales porque soy un ser sexuado», y es que salir de esta causa última es entrar inevitablemente en cuestiones morales y ya está bien de que la moral hable en boca del sexo.

Porque el sexo no sirve para responder a cuestiones como «¿está bien lo que hago?», «¿es esto correcto?». No, el sexo responde siempre a la pregunta «¿quién soy?». Porque el sexo es metafísica en estado puro y práctico. Cada vez que nos asalta esta duda existencial, hacemos uso de nuestra conformación sexuada o anhelamos hacer uso de ella. Como quizá hubiera podido decir el amoral de Nietzsche y nunca dijo (¡qué teórico ha perdido la sexología!), el sexo «desmoralizado» no sirve para saber si hacemos lo correcto o lo incorrecto, sirve para respondernos sobre quiénes somos.

Ése, creo, todo lo modestamente que se puede creer, que es el verdadero motivo para hacer el amor; saber, desde lo que somos, quiénes somos.

Era el verano de 1998 y Frank Sinatra nunca más volvería a cantar *Something stupid*. Aunque Nicolini, a buen seguro, lo seguirá haciendo...

El deseo está para iniciar una relación sexual

Cuentan que a un condenado a muerte le concedieron un último deseo.
—Mi deseo es no estar presente en la ejecución —respondió.
Los ejecutores lo pensaron un momento.
—Eso no te lo podemos conceder —le respondieron finalmente.
—Debes solicitarnos otro deseo.
El reo lo pensó un momento y finalmente apuntó:
—Entonces, mi deseo es aprender japonés...

Baruch Spinoza (que no es el nombre de ningún antiguo cliente al que quiera ocultarle la identidad) decía, entre otras muchas cosas, «el deseo es la verdadera esencia del hombre». Este filósofo judío sefardí, que para algunos es el iniciador moderno del ateísmo, sostenía que lo que verdaderamente resultaba sustancial de cada uno de nosotros era la perseverancia en ser uno mismo. Lo llamó el *conatus*, la «insistencia» irrefrenable y continua por ser uno mismo. Esto esencial que nos identifica y nos realiza a cada uno individualmente y a todos como seres, sólo se consigue a través del deseo.

Aquella tarde de septiembre de 1999, en la que Susana me abrió la puerta, fue la primera vez que entré en la «casa». La casa es como solíamos llamar las chicas al burdel, quizá porque para algunas era lo más parecido a un hogar. Apenas una hora después, tras un cigarrillo nervioso en compañía de la encargada de día y de unas palabras con Cristina, la

madame, yo ya estaba haciéndole a un desconocido una felación de pago en la suite Bacará. Una felación más difícil por
la complejidad de sujetar el preservativo sin desplegar en la
correcta posición dentro de la boca que por el cargo moral
que aquello pudiera comportar. Más difícil por la erección blan-
da de un pagador demasiado aficionado a la cocaína que porque no tuviera que hacer justo eso en ese preciso momento.

Aquella tarde de septiembre yo llevaba a cabo un deseo (yo
«insistía» en seguir siendo yo); el de ser una novia de alquiler, el de prostituirme. Para mí, ejercer de puta era un deseo,
no una fantasía. Las fantasías nunca se realizan. Pertenecen
al imaginario erótico individual e intransferible de cada uno
de nosotros, y si bien operan con los mismos elementos ima-
ginativos y narrativos de los deseos, nunca se llevan al plano
de la realidad (al menos voluntariamente). La fantasía está
poblada de personajes fantasmagóricos que se mueven en
escenarios de miedos almacenados. Pueden resultar enormemente excitantes en ese marco onírico, pero en ningún otro.

El cliente acarició el lado interno de mis muslos mientras me introducía en el jacuzzi. El agua burbujeante lo ocultaba hasta la cintura. Lo lavé. El día anterior había adquirido
en la farmacia un jabón dermatológico de un ph extremadamente ácido y lo había colocado en un recipiente parecido a
una petaca que a partir de entonces llevaba siempre conmigo en mis salidas. Se encontraba recostado, desnudo, sobre
uno de los laterales de la bañera. Mientras me contoneaba
discretamente delante de aquel desconocido, empezó a susu-
rrarme algunas «palabras de amor»: «Las francesas siempre
habéis sido muy putas...».

Les suele gustar creer que ejercen el poder. Pero es pura
ficción. El *tempo*, el ritmo y la boca que se inclinaba sobre su pene
húmedo eran míos. El que iba a desarmarse era él y no yo.

«Deseo» y «desidia» tienen una misma raíz común, *desideo* (verbo que en latín tenía un significado semejante a «vagar», «estar indolentemente», «ver pasar las cosas sin intervenir en ellas»). En francés, *désir* deriva del verbo *desiderare* («mirar a los astros», «contemplar los objetos siderales», «otear los objetos que brillan»). Parece que para los antiguos sólo deseaba el ocioso. Y parece que ya tempranamente el deseo se convirtió en algo moralmente reprochable. «No es pobre quien menos tiene, sino quien más desea», sentenciaba Séneca, que además de acertado y estoico era un moralista (... aunque así le fuera con Nerón).

Mientras me sujetaba la cabeza con las manos podía notar cómo sus piernas se contraían sobre mi cuello.

—Qué bien lo haces —me dijo.

Levanté un momento la mirada y fijé la vista en sus ojos.

—Es que soy francesa... —le respondí. Esta frase me serviría desde entonces de coletilla para con todos aquellos que valoraban así mis lúbricos encantos.

No sé realmente si en aquel momento de deseo mis aptitudes eran dignas de ese elogio, lo que sí puedo asegurar es que no estaba ociosa...

Creo que fue Agustín de Hipona («San» para los devotos) el que hizo una diferenciación entre las distintas libidos (por cierto, «libido» es una palabra llana y no esdrújula, como suele pronunciar la mayoría de la gente, y significa «avidez»). El bueno de Agustín distinguió tres, posiblemente siguiendo aquello de «divide y vencerás». Existía, según él, la *libido sciendi* (o el deseo por el conocimiento), la *libido dominandi* (el deseo de poder) y la *libido sentiendi* (que era el deseo de sentir, de gozar carnalmente).

Intuyo que para este padre de la Iglesia católica, la diferenciación permitiría el «gestionar» aquello consustancial a los seres humanos: el deseo. Una debía ser buena, otra debía canalizarse y la otra debía directamente reprimirse. Personalmente, no entiendo la diferenciación. Los tres se identifican uno con otro, se llevan de la mano porque son lo mismo. Y no sólo porque *desear* poder, sexo o conocimiento sea lo mismo: deseo, sino porque lo mismo es también el poder, el sexo y el conocimiento.

Pude notar cómo eyaculaba por sus contracciones, por cómo apretó con más fuerza mi cabeza entre sus manos mientras empujaba su pene hasta el fondo de la garganta y porque el pequeño recipiente del condón se llenó dentro de mi boca. En aquel momento yo sabía mejor quién era y hasta dónde podía llegar, yo había dominado a ese individuo y esa situación (había tenido el poder sobre esa persona y las circunstancias del encuentro) y había saciado una apetencia carnal (la de tocar y ser tocada).

Como el genio de la lámpara, yo había conseguido los tres deseos a través de una mamada de trescientos euros (comisiones descontadas). La libido *sentiendi*, la *sciendi* y la *dominandi* me llevaron juntas, aquella tarde de septiembre, a ser yo misma, a seguir siendo yo misma, a acabar siendo yo misma.

Una vez, unos años antes en París, yo también había deseado aprender japonés. Aquellos meses, en Barcelona, yo deseé ser puta.

Creemos saber lo que deseamos

(...) Hacía calor. Simona depositó el plato en un banquillo, se instaló ante mí y, sin dejar de mirarme, se sentó y sumergió su trasero en la leche. Permanecí un rato inmóvil, la sangre se me había subido a la cabeza y temblaba, mientras ella miraba cómo mi verga tensaba el pantalón. Me tendí a sus pies. No se movía; por primera vez vi su «carne rosa y negra» bañada en la leche blanca. Permanecimos largamente inmóviles, ambos igualmente sonrojados. (...)

GEORGES BATAILLE
Historia del ojo

Se lo leía despacio. Intentando mantener la voz firme, pero sin apostarla. Era una edición de 1967, publicada en París, con la cubierta ligeramente amarillenta y las hojas fatigadas.

A Julien lo apodaban «el Lector» en la agencia. Solía llamar casi todas las semanas pidiendo los servicios de una chica. La primera vez que tuve noticias de él fue una tarde en la que yo me encontraba en la agencia. Acababa de llegar un cliente y había pedido ver a las chicas que estábamos allí. Nos presentamos una a una delante de él mostrando nuestras mejores galas como solíamos hacer, pero a mí, aquella vez, de poco me sirvió. Isa resultó ser la elegida. Cuando a alguien le gustaban las tetas grandes, todas estábamos perdidas frente a los, al menos, 110 de talla de esta mulata que gastaba la mayoría de sus ingresos en mantener aquellos dos cañones perfectamente erguidos.

Cuando los dos, cliente e Isa, se retiraron, Susana apareció en la sala. Quizá pudo adivinar un poco la decepción en mi rostro, porque nada más verme me llevó a un aparte y me dijo en voz baja, procurando evitar que otras chicas lo oyeran:

—No te preocupes, chiquilla, acaba de llamar el Lector, ha pedido una chica para que se desplace a su casa.

Prosiguió sin dejarme hablar:

—Normalmente aviso a Cindy, pero le he dicho que teníamos una chica nueva, francesa, con mucha cultura y me ha dicho que quería conocerte.

—Te lo agradezco —le dije, aunque sabía que allí en la casa funcionaba muy bien aquella máxima de «favor, con favor se paga».

—Pues venga, date prisa, que le he dicho que en veinte minutos estarías en su casa.

—¿Hay alguna cosa especial que tenga que preparar? —le pregunté un poco inquieta.

—No, no te preocupes, es un cliente muy cómodo, leerle alguna cosita, quizá meterle el dedo en el trasero, y poco más... —Se detuvo un instante como si hubiera olvidado algo—. ¡Ah!, sí, perdona, llévate un lápiz y recuerda ponértelo encima de la oreja...

El lápiz sobre la oreja, las tetas enormes de Isa, el Ferrari último modelo aparcado frente al portal o la falda insultantemente cara tras los cristales del escaparate de Gucci... Deseos.

Sabemos que el deseo opera en estructuras simbólicas. Cuando deseamos determinado apartamento, determinado hombre, determinados zapatos, no nos referimos a que realmente deseamos eso y sólo eso. Deseamos algo que está detrás de ello; un estatus social, una relación sexual incomparable, un atractivo irresistible... pero tampoco es eso, o sólo eso.

Detrás, y llevados por eso, deseamos comodidad, cariño, belleza... no, todavía no hemos llegado. Más atrás aún aparece el Poder, la Permanencia, el Amor (fin de trayecto quizá... no, creo que no). El objeto de deseo siempre remite a algo que a su vez remite a algo. La secuencia de relaciones entre elementos simbólicos es infinita. Y al final de esta interrelación de deseos codificados simbólicamente se encuentra, como ya dijimos, uno mismo. El Gran Deseo por llegar a ser uno mismo.

Con Julien yo tenía al menos una ventaja. Era, como él, francesa, y el poder leerle en su lengua materna a Bataille o Sade me otorgaba cierto atractivo para el Lector.

Cuando llegué a la puerta de su ático en Pedralbes, me coloqué el lápiz tras la oreja y toqué una sola vez el timbre. Julien me abrió con una bata de seda roja y una pipa encendida en la mano derecha.

—¿Eres francesa, no? —me preguntó en mi idioma.

—Sí —le respondí—. Nací en la Champagne.

Me pidió que me desnudara de cintura para abajo y que no me quitara el lápiz de la oreja. Así lo hice. Él se sentó en un butacón de piel y de una pila de libros que tenía a su alrededor, extrajo uno. Lo hojeó, dobló la esquina superior de una hoja y me lo alargó indicándome:

—Lee.

De pie, frente a él, inicié la lectura.

Para ordenar el infinito armazón de significantes simbólicos que son los deseos y al que nos hemos referido antes, utilizamos una estructura determinada que se apoya en nuestra capacidad de representación, de representarnos a nosotros mismos. Se trata de una estructura de orden narrativo. Cuando deseamos, «nos montamos la película». Ordenamos una secuencia imaginativa de episodios que conforman la «historia» de nuestro deseo. El filósofo del deseo Gilles Deleuze inventó un concepto que explica muy bien esto. Él habló de «estructuras de experiencias» para explicar por qué algunos elementos (personas, ventanas, olores...) son capaces de evocarnos toda una vivencia ficticia, todo un deseo, alrededor suyo. Para ilustrar su aportación utilizó un ejemplo en negativo: «¿Por qué nos dan miedo los maniquíes?», la respuesta era porque los maniquíes no tienen estructura de experiencia, porque no nos remiten a ningún sitio, porque nos remiten a la nada, a la muerte.

Cuando deseamos, componemos, cuando deseamos, escribimos. Quizá sea por eso por lo que algunos, en determinados momentos, adoramos la inmensa capacidad creativa del deseo. Por eso algunos, como decía Nietzsche, «llegamos a amar nuestro deseo, y no al objeto de ese deseo».

No siempre la sesión concluía en la lectura. En ocasiones, decidía complementar la visita con alguna que otra práctica sexual más o menos ingenua. Otras veces era un coito convencional el que ponía fin a la visita. Pero, muchas, muchas veces, aquel hombre vivía su erotismo exclusivamente en la audición de unos textos eróticos. El deseo, como finalmente aceptaron Masters & Johnson, forma, indiscutiblemente, parte integrante de la respuesta sexual humana.

Lo visité muchas veces en aquel lujoso ático. Supongo que cogió cariño a mi voz dura y a mi entonación suave. Cuando abandoné la prostitución, Julien, «el Lector», consiguió localizarme. Tras haber publicado *Diario de una ninfómana*, contactó con mi editorial y me pidió que volviera a su casa, alguna vez, para leerle. Volví en un par de ocasiones, esta vez sí sin cobrarle nada a cambio, salvo, eso sí, el ejemplar de *Histoire de l'oeil*, de Georges Bataille, editado por J. J. Pauvert en París en 1967 y del que antes transcribí unas líneas.

El sexo ya no es tabú

> *Pues sí. Es que si la demanda ofrecida de la producción satis-*
> *fecha no lo hago bastante, resultará que habrá unas cotizaciones*
> *en los descensos.*
>
> Apuntó Obelix, intentando recordar la regla de oro de la
> economía que le habían explicado.
>
> *En* Obelix y Compañía, *de* GOSCINNY y UDERZO

Michel Foucault nació en 1926 en Poitiers. En 1976, publicó el primer tomo de su *Historia de la sexualidad* con el subtítulo de *La voluntad de saber*. A éste le siguieron dos volúmenes más publicados en 1984.

En Foucault, las ideas solían ser mejores que las argumentaciones. Pero si las explicaciones son correctas, las ideas eran absolutamente brillantes.

Así ocurre con *Historia de la sexualidad*.

Orson Welles provocó el pánico en Nueva York cuando hizo su celebérrima adaptación radiofónica de *La guerra de los mundos,* de H. G. Wells. La gente, aterrorizada, colapsó las calles y los servicios de urgencia, intentando protegerse del ataque con gas de los marcianos y de sus rayos caloríficos. La población de Nueva York fue perfectamente informada durante cuarenta minutos de la invasión selenita, pero no estaba informada de que lo que le contaban era falso.

Es sabido que, en nuestros tiempos y en nuestra cultura,

el problema no está en la cantidad de información, sino en su calidad. La opinión, que no el conocimiento, se ha «democratizado». Cualquiera puede manifestarse, cualquiera puede copiar a cualquiera y manifestarse a su vez. Internet, una verdadera revolución social llena de logros y altruismos, es también una biblioteca infinita sin bibliotecario en la que las verdades y las mentiras se difunden sin más canon que el número de visitas, sin más éxito que el número de veces que algo se repite, haciendo que el valor de la información resida en su volumen y no en su contenido.

La nuestra es una «sociedad informada», una sociedad perfectamente informada de todas las necedades, perfectamente instruida en historias de platillos volantes y rayos orgásmicos.

En *Historia de la sexualidad*, Foucault detectó que el sexo, desde la invención de nuestra «sexualidad moderna» y de su discurso normativo, no se oculta por la represión y el silencio, sino por la sobreexposición y la escenificación. Su genial intuición de que, desde el XIX, para no hablar de sexo hablamos sin parar de sexo, está, hoy en día, más vigente que bajo el mandato de la reina Victoria.

Cristina es una de esas chicas que hacen de su desinhibición su coraza. Cuando la conocí en un tugurio sórdido de Barcelona, me pareció que su desparpajo era sincero. Por su profesión, era redactora de una revista de «ambiente», se encontraba siempre rodeada de actores de cine pornográfico, de dóminas en cueros y de gente variada del «mal vivir» (yo entre ellas).

Su conversación en temas sexuales, aunque insustancial pese a lo florido de sus metáforas, tenía mucho desparpajo. «Follar», «joder», «dar por el culo» eran coletillas habituales que empleaba en cuanto tenía ocasión. Pero no pasó mucho tiempo para que se hicieran explícitos, a través de las grietas en su máscara, su recato y su miedo atroz al sexo.

En el mundo de la cultura y en el de la basura, existe un tipo de personaje bastante frecuente: el que se hace el tonto espabilado. Son personajes que tratan todo con frivolidad y banalizan cualquier reflexión interesante sin olvidarse de mostrar una posición de lo que, en Francia, llamamos *être au delà*.

No pueden dejar de intentar que cada chiste fácil que hacen o cada gesto despreciativo que manifiestan refleje un cierto estado de superioridad, de trascendencia. Estos elementos se hacen los tontos única y exclusivamente para intentar evitar que se averigüe lo tontos que en realidad son. Y suele funcionarles muy bien.

En el caso de Cristina, su continuo y desenfadado parloteo sobre el sexo era estrictamente para intentar evitar que se le preguntara sobre sexo. Y a Cristina la siguen considerando una chica con mucho desparpajo que sabe mucho sobre el sexo.

Parece que el término «tabú» procede de la lengua polinesia y significa literalmente «no tocar». Cuentan las crónicas que fue el capitán Cook quien lo oyó por primera vez en 1777 en la isla de Tonga. *Ta-pu* se introdujo así en nuestras lenguas, que no en nuestras conciencias, donde ya residía, desde hace mucho, el concepto.

«No tocar» es precisamente lo que hacemos con el sexo, a fuerza de engañarnos creyendo que no paramos de tocarlo. Leí un día que Hegel, en su lecho de muerte, pronunció, recordando a su esposa, las siguientes palabras: «Nadie me ha entendido, salvo quizá Marie... y no fue a mí a quien entendió».

Nos expresamos ampliamente sobre el sexo, pero no es sobre el sexo sobre lo que nos expresamos. En este proceso de ocultar mostrando, hemos variado las maneras, la temática pública de exposición y el propio objeto de exposición (el sexo). Las fórmulas de expresión que cada uno de nosotros, y de todos como sociedad, empleamos, han variado sustancialmente. Se han desinhibido las maneras; ya no nos ocultamos detrás del secretismo y del rubor en las mejillas, ahora lo hacemos tras la voz en alto y la risa tonta. Hemos creado una técnica pública de expresión sobre el sexo que se basa exclusivamente en la prevención (¿qué es un condón?), en la didáctica (¿cómo se coloca?) y en el espectáculo (mostrar cómo se pone uno). Pero, sobre todo, de lo que hablamos abiertamente en privado e institucionalmente en los medios (hablamos y hablamos en cualquier caso) es de eso que hemos creado y que ha sustituido al propio sexo: del «discurso normativo del sexo», que es una especie de sucedáneo que podemos digerir con facilidad y que ha hecho precisamente del parloteo continuo en torno a él su propia fuerza.

Imaginemos, por ejemplo, que las angulas fueran la base de nuestra cocina. Pero como las crías de angula son un bien escaso que hay que controlar, creamos un sucedáneo: las «gulas». Infinidad de anuncios hablarían sobre las propiedades de este producto, saldrían multitud de firmas que lo comercializarían, dietistas y cocineros nos explicarían sus magníficas propiedades, y todos, en casa y públicamente, estaríamos todo el día con las «gulas» en la boca, hasta el punto de que, al cabo de una o dos generaciones, cuando habláramos de este producto elemental en nuestra cocina, las angulas, seguiríamos usando este término, pero nos referiríamos a las «gulas». Creeríamos que comemos a diario angulas, pero en realidad sólo nos alimentaríamos de «gulas».

En el sexo hemos creado ese sucedáneo, que es el «discurso normativo del sexo», compuesto exclusivamente de coitocentrismo, falocentrismo y pareja (como la «gula» lleva surimi, pescado blanco y tinta de calamar), que nos comemos y sobre el que hablamos sin pudor, porque es un «producto» que está bajo control (que evita que salgamos a las albuferas a pescar angulas) y perfectamente avalado por la moral y la ciencia (las que alaban sus propiedades).

Por eso, creo que hoy en día, hablar de sexo ha dejado de ser un tabú, a cambio de que el tabú sea el propio sexo. En una película sobre abogados, se trataba una estrategia curiosa. El gabinete de uno de los implicados solicitó al contrario una información de vital importancia para su defendido. Como el bufete tenía que facilitar por ley ese dato, pero sabía que si llegaba a manos del otro bufete su cliente estaría perdido, envió tres camiones de documentación, decenas de millones de páginas entre las que se encontraba la única que era importante.

Nada mejor para que no encontremos una aguja que echarle un pajar encima. Nada mejor para que no hablemos de sexo que echarle un discurso infinito encima con aquello que unos pocos han considerado oportuno que sea el sexo.

Para comprender y hacer pública la comprensión, la información que produce el aprendizaje hay que entenderla (cosa para la que no todos estamos dotados), debe ser cierta y no pretender el engaño (o acabaremos como los neoyorquinos el 30 de octubre de 1938, esquivando marcianos) y hay que evitar las mascaradas que ocultan nuestras verdaderas inquietudes (como le pasa a Cristina).

«Mañana te pagaré dos puñados porque los precios de la coyuntura vuelan con el mercado alcista y te ofrezco la demanda» —concluyó Obelix, a quien le hicieron creer que le ofrecían prosperidad en lugar de pobreza.

Sabemos de sexo más que antes

—*Su conectividad 3G utiliza un sistema EVDO que le facilita la transmisión de datos en un entorno tecnológico CDMA. Su cámara de 3'2 Megapíxeles le permite, por ejemplo, publicar imágenes en su blog para compartirlas. Naturalmente, es tribanda con Bluetooth —dijo, mientras sostenía el aparato como si fuera un recién nacido.*
—*¿Blutust? —le pregunté.*
—*Naturalmente —respondió.*

Unas luces se encendieron en el salpicadero del coche. Vi como, tras hacer un gesto de falsa contradicción, accionaba un interruptor del volante. «Es imposible *consentrarse*», dijo, antes de que su interlocutor al teléfono pudiera iniciar la charla.

No entiendo mucho de automóviles, pero aquél debía de haber costado el PIB de Angola. La voz del que llamaba sonó en el interior del coche como si lo hubieran teletransportado dentro. Hice un gesto señalándome el oído para indicarle que pusiera el teléfono de manera que mantuviese la conversación privada, pero él, agitando su mano con un gesto grandilocuente, me dio a entender que no le importaba que la oyera.

Su interlocutor se esforzaba en explicarle que necesitaban la mediación de un tercero para poder colocar el nuevo programa en una cadena de ámbito nacional. Él fanfarroneaba con que lo tenía cogido por donde más duele. Deduje, no era muy complicado, que el mediador era aficionado a las chicas de alterne y a practicar con ellas eróticas no del todo bien reconocidas. La conversación siguió con un montón de disparates más y al acabar tuve la sensación de que no habían avanzado gran cosa, de que no se habían entendido, de que no se había concretado nada y de que sólo eran dos pavos meneando sus emplumadas colas.

—Los *negosios* no dejan un minuto, *corasón* —me dijo al volver a pulsar el interruptor en el volante.

La radio, que llevaba loca una hora intentando sintonizar una emisora que no estaba en la frecuencia que él creía, volvió a conectarse.

Yo había dejado hacía tiempo el oficio más antiguo del mundo, que no es precisamente el de soplar vidrio, pero debo reconocer que con aquel pelmazo que me llamaba *corasón*, dudé en reiniciar las actividades, sólo por el reto de desplumarle.

Volvió a intentar concentrarse en la pantallita que dibujaba las calles, tocando frenético todos los botones que tenía al alcance. Pero su cara de pasmo indicaba que no tenía la más remota idea de cómo funcionaba el GPS. Sus dedos ensortijados como las patas de un pichón mensajero no le ayudaban mucho en la tarea.

No es que quiera ocultar la identidad de J. M. usando un acrónimo, es que era de esos tipos que se hacen llamar por siglas. Volvía de una reunión con J. M. donde me había propuesto que participara, como presentadora, en un nuevo espacio televisivo que él iba a producir. «Puede ser el *prinsipio* de una gran *relasión*», me dijo al concluir. En realidad, lo único que le interesaba era follarme. Esto quedó pronto de manifiesto, antes incluso que su seseo. El seseo, por cierto, que emplean algunos patanes como éste, que quieren sonar a finos y cultivados.

—Déjame aquí —le indiqué—. Cogeré un taxi, no debe de estar muy lejos.

—¿Un *tasi?* —repitió sorprendido.

No debía de haber acabado de entenderme.

Hoy en día, sabemos lo que es un e-mail, sabemos lo que es un SMS, sabemos que la «banda» ancha no es una agrupación musical de muchos músicos y hemos oído hablar de móviles de tercera generación, pero todo eso no significa que sepamos comunicarnos mejor que antes. La tecnología de la comunicación no es la comunicación. Aprender a comunicar no es aprender qué tecla hay que apretar para obtener línea. La era digital no sustituye la gramática, los colores de las carcasas de los inalámbricos no suplen la retórica, ni el descubrimiento de los códigos de intercambio masivo, la idea comunicable.

Comunicar es entablar una escritura compartida de inteligencias o de estupideces, es construir el discurso de los «ambos», es crear un código de participación. Sucede que, en nuestra cultura científica, confundimos progreso tecnológico con sabiduría. Pero desarrollo y conocimiento, aunque nos pese, no es lo mismo. Podemos conocer el genoma humano y conocemos cómo se forma una existencia, desde la adherencia del blastocito a la pared del útero hasta el parto, pero estamos lejos de saber lo que es la condición humana y lo que es la vida. Shakespeare o Lao Tsu, en sus tiempos, sabían de eso quizá más que nosotros y sin duda lo comunicaban, aunque no tuvieran *bluetooth*, muchísimo mejor.

En el sexo sucede lo mismo. Ahora conocemos y manejamos neologismos como «vida sexual», «sexología», «heterosexualidad», «complejo edípico» o «abuso sexual», igual que ahora hablamos de «procesador de textos», de «rotulador» o de «papel reciclado» para referirnos a términos relacionados con la escritura. Empleamos las palabras que hemos inventado para dar un marco moral, jurídico y clínico al sexo. Hablamos con términos de la nueva «tecnología del sexo», con los que el recién inventado «discurso normativo del sexo» nos ofrece, pero ello no implica que sepamos más de sexo, sólo implica que le hemos dado una nueva regulación al sexo (igual que le hemos dado un nuevo marco tecnológico a la comunicación). Eso es todo lo que en materia de nuestro entendimiento del sexo hemos avanzado.

Forges, el humorista gráfico, dibujó un día a dos ancianas campesinas que se lamentaban pesarosamente: «Ahora que habíamos aprendido a decir *película*, resulta que lo llaman *flim*».

En su práctica, en la interacción, el sexo tampoco se ha movido lo más mínimo. No hay nada que dos (o tres o cuatro) personas en el Occidente del siglo XXI no hicieran ya en la Grecia de Pericles. Si alguien puede, hoy en día, imaginar alguna práctica sin pilas, eso ya se ha hecho. Como lo único que ha variado es el decálogo moral con el que se juzga la sexualidad humana, los efectos de nuestra condición de seres sexuados se han modificado en la interpretación moral que socialmente hacemos de ellos, pero no los efectos en sí mismos.

Algunos de esos «efectos» los hemos regularizado (como la pornografía), otros los hemos obviado (como el sexo de pago), otros los hemos condenado (como la pederastia) y otros, simplemente, los hemos banalizado (como la orgía). En general, todo el fenómeno de la sexualidad lo hemos hecho «problemático» y por tanto lo hemos convertido en algo necesariamente sujeto a control a través de los canales jurídicos, morales y religiosos habituales, ayudados en nuestros tiempos, y ésta es la novedad con relación a tiempos pretéritos, por las recientes ciencias médicas.

Hasta los más célebres elementos que nuestra industria del ocio comercializa, dildos o consoladores, existen desde que existe la capacidad de representación. Sólo hay que aplicar nuevamente el desarrollo tecnológico para diferenciar un consolador de látex de uno de madera de manzano. Sobre el cómo usarlo o para qué, seguimos sabiendo lo mismo.

—Pero ¿puedo llamar con él? —le dije, un poco mosca, al solícito vendedor del área de telefonía.

—Naturalmente —respondió.

Comunicar íntimamente con la gente, o con una misma, desde que a los móviles los enseñaron a vibrar, es una tarea de lo más sencilla.

Los prejuicios sobre el sexo siempre han sido los mismos

Eros, que era un dios para los Antiguos, es un problema para los Modernos.

Denis de Rougemont

El metro trotaba como una cebra loca por la sabana.

De todos los metros que conozco, el de París es probablemente el más funcional, pero a buen seguro no es el más cómodo. Volvía del apartamento de Claire y me dirigía hacia el Instituto de Lenguas Orientales para asistir a clase. En el vagón y junto a mí (contra mí, adherido a mí) un joven magrebí, grueso y desaliñado, hablaba acaloradamente con otro. Aunque apenas les separaba la distancia de un papel de fumar, el tono de su voz era alto, de manera que todos los del compartimento (y probablemente los de media Francia) podíamos oír sus opiniones:

—Lo que yo te diga: maricones los ha habido siempre.

El otro asentía.

—Y además, ¡los maricones siempre han sido maricones! Me sujeté con firmeza a la barra, no para golpearle, sino porque me caía; el metro de París, a hora punta, podría ser una atracción de éxito en Eurodisney. *Pédé* fue el término francés que empleó. Un término despectivo que he optado por traducir, muy a mi pesar, por «maricón».

Las palabras no son inocentes. Conllevan implícito, en su semántica, algo más que aquello que significan. Una connotación despectiva como la de este término siempre implica una condena moral a la práctica que representa. Es la doble humillación del prejuicio: en palabra y obra.

Solemos creer, como mi vecino de «trote» en el metro, que los estigmas y prejuicios en el sexo siempre han sido los mismos a lo largo de la historia de nuestra cultura. Esto es un engaño de nuestro «discurso normativo del sexo» que hace que creamos que nuestro Modelo de sexualidad es eterno, único y por lo tanto infalible (y posiblemente dictado por algún Dios legislador o por una «biopolítica» o «sanidad pública» tan eterna, cierta y aparentemente única como Él). Ni siempre ha habido las mismas condenas a determinadas prácticas eróticas, ni siempre a estas prácticas se las ha denominado con un apodo despectivo.

A Claire la conocí en la iglesia de Saint Julien le Pauvre. Los centros de culto, contrariamente a lo que se pueda pensar, no son un mal sitio para activar el deseo. Había quedado con unos amigos para asistir a un concierto que una orquesta de cámara interpretaba en el recinto de esta iglesia. El programa incluía una pieza para flauta de Antonio Vivaldi: *Il cardellino*.

Cinco minutos antes de iniciarse el recital, el público comenzó a ocupar sus asientos, pero mis amigos no llegaban, así que decidí no esperarlos más y entré. A mi izquierda se sentó una chica. Con su corto pelo negro arreglado «a lo *garçon*», impecablemente vestida con un traje de tul oscuro generoso de transparencias y un fular verde, el aleteo de sus pequeñas manos parecía rebuscar por el aire algún recuerdo perdido.

Nos miramos furtivamente durante todo el concierto. Cuando concluyó, se dirigió a mí con un aire tímido y una sonrisa que hubiera embrujado a todas las hadas del bosque:

—Aquí, en Saint Julien, los jilgueros cantan de otra manera...

Aquella noche no regresé a casa. Pasé la noche, la aurora y el alba en el apartamento de Claire, en el distrito quinto.

Nuestros prejuicios existen desde que existe «nuestra» sexualidad moderna. Posiblemente se pueda datar este inicio en el primer tercio del siglo XIX (ese momento que se recoge bajo el epígrafe, un tanto anglófilo, de época victoriana). Es en ese tiempo en que los sistemas de producción (la Revolución Industrial), la consolidación de una clase social poderosa (la burguesía) o los avances científicos (Darwin y el evolucionismo) generan un marco que obliga a que la ciudadanía y sus prácticas tengan que empezar a estar sometida a control. Es el nacimiento de la «clínica», de la sociedad de «control» (Foucault *dixit*) frente a una pretérita de «encierro» y es el momento en el que la sexualidad, sometida a los rigores de una diagnosis clínica, se hace «problemática». Y ya sabemos; para que surjan los estigmas, los prejuicios, las condenas y los miedos, tiene que existir algo que consideremos un problema.

Es el tiempo en el que surgen neologismos como «sexo», como «homosexualidad», como «vida sexual»; palabras que antes no existían y que se «inventan», desde el ámbito de la clínica para designar, controlar y gestionar nuestra condición de seres sexuados. Antes, desde las instituciones morales se hablaba, por ejemplo, de «pecados de la carne», de «sodomía» o de «deber conyugal».

La importancia de los términos.

Un chiste grueso:

El joven se acerca a su padre apesadumbrado.

—Papá, es que tengo que confesarte una cosa...

—Dime, niño —responde toscamente el padre.

—Verás... es que soy homosexual.

—Pero, niño, vamos a ver, ¿tú tienes estudios?

—No, papá...

—Entonces tú no eres homosexual, ¡tú lo que eres es maricón!

Claire era una chica extraordinaria: compleja, divertida, incisiva y generosa sexualmente. El poco tiempo que pasé con ella es un hermoso recuerdo. Mientras nos amábamos (creo que yo llegué verdaderamente a amar a Claire) creí que, posiblemente, había encontrado lo que afectivamente llevaba ya mucho tiempo buscando.

Recuerdo sus salidas tempranas en busca de los *croissants* de la panadería de la esquina del boulevard Saint Germain, calientes, frágiles y que se licuaban en cuanto entraban en contacto con la lengua (el *croissant* es un invento austriaco muy popularizado, pero creo firmemente que un *croissant* francés es otra cosa). Recuerdo los desayunos, juntas, en el pequeño apartamento; ella tranquila y yo siempre apresurada, confundiendo en más de una ocasión las sábanas con el abrigo. Recuerdo cómo le sorprendía mi ardor sexual cuando nos entregábamos al bello fornicio y recuerdo nuestras discusiones cuando ella repetía aquello de «las mujeres siempre hemos tenido menor ardor sexual que los hombres»; porque, a mi juicio, el de entonces y el de ahora, aquello no era más que un tópico y una idea errónea insertados en nuestro imaginario para someter el deseo sexual femenino.

No, querido compañero de tren de aquel día, ni los homosexuales han existido siempre, ni siempre han sido homosexuales. En Roma, por ejemplo, existía la práctica sodomítica (antiquísima, ya que debe de remontarse, posiblemente, al día que descubrimos que los humanos teníamos un orificio entre las nalgas) y una actitud frente a ella. En la pragmática y casta Roma, no existían los «homosexuales» (y no sólo porque faltaran unos dos mil años para inventar el término); existían los activos y los pasivos. Los primeros (los que daban) eran los «virtuosos», pues conservaban la *virtus*, el vigor sexual que debía acompañar a todo hombre que pudiera considerarse como tal (¡cómo ha cambiado el sentido de la «virtud»!), mientras que los segundos eran los «impúdicos» y normalmente quedaba reservado este papel a esclavos, jovencitos por aprender o a cortesanas que no hubieran adquirido un rango importante en el escalafón social.

Caso similar era el de las prostitutas, hoy llamadas «putas», con todas las letras. En Roma, las *lupas* (las «lobas») eran respetadas y consideradas necesarias, aunque los «lupanares» solieran situarse en la periferia. Incluso el castísimo censor de Catón hacía una apología de ellas por considerarlas necesarias en el orden social para proteger la «pudicia» de las esposas. Quizá tuviera algo que ver en su apreciación que, en el origen legendario de la gloriosa Roma, una «lupa» amamantó a los fundadores. En la libertina, creativa y hedonista Grecia antigua, las hieródulas tenían además un papel sagrado y su entrega generosa al prójimo era sinónimo de amor universal y desinteresado; raros eran los templos o las festividades en los que en algún momento las mujeres de cualquier condición no se entregaban a todos aquellos que lo deseaban.

Cada marco moral tiene sus propios prejuicios, sus condenas y sus miedos; creer que el nuestro no es sólo uno más, es estar condenado a respetarlo. Como decía Georges Bataille: «Una conciencia sin escándalo es una conciencia alienada».

Dejé a Claire cuando acabé mis *stage* en París. Tuve noticias suyas un tiempo después, a través de un conocido común, cuando yo ya trabajaba en una multinacional de Barcelona. Supe que Claire se había casado con un publicista... y añoré los «bollos».

La primera vez es crucial

—*Allí, bajo este roble, fue donde hice el amor por primera vez.*
Respiró melancólico y prosiguió:
—*Su madre, lo recuerdo bien, estaba aquí, justo donde yo me*
encuentro.
—*¿Aquí?... —preguntó el otro espantado, viendo la corta dis-*
tancia hasta el roble—. ¿Y ella, qué dijo?
—*Beeeeeeeeeee.*
Chiste viejo que me contó alguien que sabía lo que era
tratar con las cabras.

A mí no se me ocultó nada, pero tampoco se me dijo nada.

Mi madre me miraba desde la pequeña ventana del undécimo piso cuando cruzaba la calle para ir al colegio. Todos
los días. Entre los trece y los quince años.

En los pabellones militares donde vivíamos, en espera de
que le fuera asignado un destino a mi padre, había una biblioteca. En la biblioteca, aprendí lo que una niña puede aprender de sexo, antes de que llegase mi primera regla, antes de
que mi padre me comprara las primeras compresas.

En los sótanos de los pabellones militares, estaban el
aparcamiento y los contenedores de basura. En los sótanos,
cerca de la puerta del ascensor, dejaba que algunos chiquillos me besaran con lengua y me tocaran el pecho. Antes de
ponerme la ortodoncia dental, antes de que mi madre me
comprara los primeros sostenes.

Determinar la primera vez no es fácil. La primera vez siempre viene precedida de muchas pequeñas primeras veces. La primera vez que amamos siempre hemos amado muchas veces antes. La primera vez que reímos es la primera vez que tomamos conciencia de que reímos. Y la única primera vez que existe es, sólo, la que recordamos como tal. O la que nos hacen recordar.

Con la sexualidad sucede lo mismo. Nuestra primera actividad sexual, derivada de nuestra condición de seres sexuados, se produce mucho antes de que tomemos conciencia de que hemos puesto en práctica esa condición, y la toma de conciencia es la que imprime nuestro recuerdo.

En seres sociales como nosotros, la toma de conciencia es un estado que no se alcanza siempre en soledad. No somos siempre nosotros mismos los que tomamos conciencia de algo; son los demás los que nos la hacen tomar. Es el «ojo social» el que nos obliga muchas veces a «pensarnos», a concienciarnos en una situación o en una acción concreta. Son los otros, los padres, los amigos, los maestros, los que en la mayoría de ocasiones nos «otorgan» la conciencia. La primera vez que nos dicen «eso no se hace», «eso no se toca», «eso no se dice» o «eso no se piensa» es cuando nos vemos a nosotros mismos haciendo, tocando, diciendo o pensando eso.

La conciencia es, muchas veces, la vista propia apoyada en la conciencia de los otros. La voz ronca con la que nos habla el control social, la moral y el orden. El juicio del otro hecho yo.

Fui a un centro de planificación familiar al poco de tener mi primera menstruación, que apareció justo el día que cumplí los catorce años. Llegué sola, di mi nombre y esperé en una silla niquelada. La mujer centroafricana que se sentaba a mi lado sonrió. Me cedió el turno cuando el ginecólogo le ofreció pasar.

No hubo, lo recuerdo bien, ningún gesto de sorpresa en aquel médico cuando le expliqué que quería que me recetara la píldora porque deseaba mantener relaciones sexuales con penetración. No hubo ninguna recomendación, ninguna valoración, ningún juicio. Me examinó sobre la camilla. Mientras él observaba bajo el pequeño delantal blanco, me hizo algunas preguntas. Yo le respondía, mirando de reojo, para distraerme, el dibujo sobre la pared del aparato reproductor masculino y femenino. Me entregó una receta de Diane 35, tres folletos y dos preservativos. No hubo ningún traumatismo en el proceso que, desde la biblioteca al centro de planificación, permitió el que yo adquiriera la prevención necesaria para afrontar un encuentro. No es necesario, eso también lo aprendí con la bibliotecaria y el ginecólogo, apelar al miedo de los «adultos» (o de los que siempre se presentan como nuestros adultos) para establecer una prevención, por muy niño que se sea.

Al llegar a casa, guardé la receta entre las hojas de un libro y la bolsa con lo demás en el armario, bajo mis braguitas y junto a mi diario. Un día, al poco, lo descubrieron todo. Y de mi determinación se hizo una jaula para encerrar grillos y de mi curiosidad, un problema.

Parece ser que en la sexualidad humana hay un momento crucial, en el que debemos tomar conciencia de que hemos hecho uso de nuestra condición de sexuados: el primer coito. No puede ser, naturalmente, de otra manera. Todo está preparado por el gran animal social para que no nos perdamos un solo detalle de este gran espectáculo público: la pérdida de la virginidad. Quizá, con tanta magnificación, tanto preparativo y tanta grandilocuencia moral, lo único que nos perdemos es el propio coito en sí. A cambio de que podamos, eso sí, recordarlo como «la primera vez».

Virginidad/himen/coito parece ser la tríada con la que se

escribe el relato de ese presumible rito iniciático. Un rito iniciático, así nos lo hacen creer, en el que todo se pierde: la inocencia, la virginidad, el himen…, y nada se gana. Como si con la primera palabra que leemos se perdiera vista, como si con la primera duda que aparece se perdiera inteligencia. Hemos hecho de la primera vez una preocupación y no un mérito, un peligro y no un aprendizaje, una vuelta y no una ida, la llegada del príncipe azul y no el beso a la rana. Y hemos hecho y seguimos intentando hacer, de un encuentro, realizado desde el desconocimiento y apadrinado por el fracaso, un condicionante existencial para el resto de nuestras vidas.

Me gustaría explicar algo sobre el himen, sobre cómo se debilita, si no se ha desprendido antes, para permitir el paso de la primera menstruación, sobre cómo ser virgen es ser, implícitamente, ignorante y de cómo el coito no es más sinónimo de nuestra sexualidad que el *roast beef* lo es de nuestra alimentación. Pero dejaré esas explicaciones para los que las temen, porque los que no las temen ya las conocen.

Perdí mi virginidad un 17 de julio de 1984, a las 02.46.50 de la madrugada… lo sé, a veces me repito. Yo debí de dejarme el himen en algún lugar entre el gimnasio y el sótano. Quizá estampado en el botón del lúgubre ascensor enmoquetado de terciopelo rojo que me bajaba del piso undécimo al sótano.

Fue en una cama, en el campo, en casa del novio de la amiga donde me alojaba. La única sensación que recuerdo, después de alojar un ratito el pene de Edouard en mi vagina, es que aquello lo iba a recordar.

Creo que fue Shakespeare quien dijo: «La memoria es el centinela de nuestro espíritu». Guardias, celadores, cabreros… Quienes hicieron de aquello algo trascendente son los que siguen vigilando mi alma.

Y la de todos.

El impulso sexual empieza en la adolescencia

Un niño no tiene necesidad de escribir, es inocente.
HENRY MILLER

Inocente es aquel que no es culpable. El que está exento de culpa o, etimológicamente, «el que no perjudica». Como los niños. Si la infancia es «la edad de la inocencia», la inocencia, como ausencia de culpa, es un bien caduco. Llega un día en que devenimos culpables, en el que dejamos de ser inocentes, en el que alguien nos culpabiliza de algo.

Devenir culpables es un proceso gradual de aprendizaje, se aprende a ser culpable, a dejar de ser niño, y esa enseñanza de la culpabilidad es quizá el gran aprendizaje que realizamos a lo largo de nuestra infancia. Hasta que llega el momento en el que tomamos conciencia de esa gran culpa que nos han dicho que hemos cometido. Más o menos cuando los genitales se engrandecen, cuando aparece vello en zonas que antes eran púberes, inocentes, y cuando la capacidad reproductiva asoma por alguna esquina de nuestra ropa interior. Eso es la adolescencia.

«Ya es una mujer...», es una fórmula convencional de despedida. Por eso los padres la dicen con nostalgia, en voz baja, como si recitaran una salmodia. Nos la escenifican como la pérdida de algo, en la que se agitarían pañuelos de no ser por la urgencia de tener que limpiar afanosamente las primeras manchas, las pruebas del delito, los estigmas de nuestra culpabilidad.

Es la partida sin retorno del Paraíso, dejando en él, olvidado, como si se nos hubiera caído de los bolsillos, junto a los cromos o el olor del osito, algo que ya nunca más podremos recuperar: nuestra condición de inocentes. Es entonces cuando podemos empezar a actuar como culpables, es entonces cuando nos sentimos culpables, después de que toda la culpabilidad que nos han ofrecido la aceptamos como nuestra. Eso es la juventud. El resto del tiempo, sólo «maduramos» lo que nos enseñaron en la infancia, asumimos en la adolescencia y pusimos en práctica en nuestra juventud. Para que seamos capaces de culpabilizar a otros inocentes.

Nuestra existencia es la historia de una culpa asumida que transmitimos como la peste. Escribía Thomas Bernhard que «la infancia es un agujero negro donde hemos sido precipitados por los padres y del que hay que salir sin ninguna ayuda. Pero la mayoría de la gente no consigue salir de ese hoyo que es la infancia, están allí toda su vida, no salen y son amargos». No salimos de la culpa donde nos precipitan... quizá porque, para despojarse de ella, hay que recuperar la inocencia.

Las sábanas solían ser de un estampado con flores rosas. Su olor era de almidón, de fin de semana y de la piel tibia de Isabelle. Mi prima.

Es un esquema perverso el de la culpabilización. Eso sí que es perverso, y no besar una flor. En todo ese proceso, nos han encontrado una serpiente que roba el fruto y nos lo ofrece. La serpiente es el sexo y la manzana es el conocimiento del sexo. Mientras existe la inocencia, el sexo no está. No hay jardín de las delicias o Edén en el que habite un solo reptil. Cuando mordemos la manzana de nuestro propio conocimiento de seres sexuados, somos fulminantemente expulsados de la inocencia, de la falta de culpa.

Así nos lo hemos creído porque así nos lo han vendido (los mismos, entre otros, que inventan los paraísos, las serpientes, las manzanas y hacen que los niños nazcan con un pecado original que sólo se puede lavar con el sacramento del bautismo; con la adhesión al club de los libertadores que nos salvan del pecado que ellos inventaron).

Pero sucede que los niños, los angelitos, son, contrariamente a lo que cuenta la leyenda, seres sexuados, como los adultos. Sólo que sin sentimiento de culpa por ello. Sin el sentimiento que les imbuimos en la infancia y asumen plenamente en la adolescencia, cuando pueden empezar a pensar en hacer uso de su condición de sexuados. Porque el «sexo» no es «lo que los adultos hacemos con los genitales». Para el sexo, no hay que esperar a que se cubra nada de vello, o que encontremos un agujero que tapar o dejarnos tapar o que tengamos plena conciencia del problema que nos hacen creer que es el sexo; para el sexo, sólo hay que nacer.

Isabelle había cumplido los doce años dos meses antes que yo. Ambas vivíamos nuestra adolescencia de fin de semana juntas. Su casa estaba en el campo. Cerca de la entrada había un columpio, atado a las ramas de una encina, donde se producían nuestras mayores discusiones. Calentábamos agua ficticia en teteras de plástico y servíamos el té, en riguroso orden, a los muñecos que se habían congregado alrededor de la mesa. Yo siempre procuraba darle el trozo de pastel más grande a mi *nounours*, aunque no siempre era fácil, porque Isabelle también tenía su favorito. Así que volvíamos a discutir. Veníamos haciendo esto desde hacía años, y yo encontraba que eso era ya cosas de niñas, pero Isabelle siempre prefería eso a ir a ver jugar al fútbol a los chicos. A mí me gustaba Hervé y a Isabelle también. Por lo que acabábamos discutiendo. Como cuando ella se empeñaba una y otra vez en poner el mismo disco de música pop en el tocadiscos que le acababan de regalar.

En el cobertizo nos contábamos nuestros secretos. Resulta curioso la de secretos que tienen unas adolescentes. Allí le expliqué mi primer beso y allí nos bebimos dos botellas de vino rancio que acabaron con nosotras. Un día, encontramos un gatito volviendo del pueblo. Pese a nuestra insistencia, no conseguimos que Isabelle pudiera quedárselo. Su padre se lo llevó.

En el camino que iba de la casa al pueblo fue donde me caí por primera vez de una bicicleta (creo que, desde entonces, no he vuelto a subir a ninguna).

De noche, cuando no nos dejaban salir con el grupo, veíamos la tele con nuestros padres. Los mayores tenían una especial habilidad para detectar los cuadraditos blancos que aparecían en pantalla. En cuanto uno de ellos asomaba, señal inequívoca, en Francia, de que el programa era para adultos, nos mandaban a la cama.

Allí jugábamos, con la luz de una linterna, a papás y mamás. Y claro, los papás y las mamás se besan y se tocan. Determinar quién hacía de papá o de mamá era sencillo. Allí, casi nunca discutíamos.

Durante mucho tiempo, el ir, los fines de semana, a casa de Isabelle fue para mí uno de los pocos alicientes de mi adolescencia.

El sexo no es tampoco la puesta en práctica del sexo. Igual que el lenguaje no es el habla. El adolescente es una persona apasionada que balbucea. El niño es una persona receptiva que todavía está pensando lo que va a decir. Ello no implica que haya que protegerlos a ambos del lenguaje. A ellos habría que protegerlos de la culpa muchísimo más que del sexo. Hay que protegerlos del miedo de los adultos.

De lo que los adultos entendemos por sexo, bastaría con no mostrarles el «espectáculo» del sexo. Y eso, muchas veces, más por las estupideces que conlleva que por lo que de hiriente pueda tener para sus sensibilidades. Si tienen que entender algo, que no sea una estupidez lo que entiendan. Hagamos de su inocencia un fin y no un preámbulo para la culpabilidad. Y dejemos de creer, nosotros los adultos, que la inocencia es la negación de su sexualidad, sólo porque ya no recordamos lo que es ser inocente. Como decía Jean Giono: «La inocencia es siempre imposible de demostrar»... sobre todo cuando todos tenemos una prima a mano.

Los preliminares sirven para preparar el coito

> *Precalentar el horno, en posición gratinador, a 170 °C.*
> *Colocar el pollo en un recipiente apto para el horno. Calentar*
> *a media altura durante 12 minutos.*
> *Sírvase caliente.*
>
> ANÓNIMO
> Extraído de los «Consejos de preparación» de un plato
> precocinado.

La glicinia estaba plantada desde hacía casi dos décadas. Sus racimos de pequeñas flores violáceas cubrían el balcón de nuestro dormitorio.

«Preliminar» significa «antes del umbral»; se entiende, por tanto, que es aquello que precede al paso por el quicio de la entrada. El uso del término lleva implícito, en sí mismo, que la acción importante va a ser la «entrada». Antes de entrar podemos divagar o despistarnos, pero nuestro destino está, desde el momento en que tenemos conciencia de que lo que estamos haciendo es un preliminar, determinado a alcanzar lo que verdaderamente entendemos como significativo: entrar, alcanzar aquello que contiene el *liminaris* (el «umbral»). Antes de entrar, cuando hablamos de «preliminar», nuestros pasos ya están encaminados inexorablemente hacia la entrada (y condicionados por ella).

En nuestro «discurso normativo del sexo», los preliminares son todas aquellas acciones que anteceden al coito; aquellas que permiten su correcta realización. Si no hiciéramos del coito la materia gruesa, el centro de la erótica, no existirían preliminares, del mismo modo que no entendemos que existan preliminares para los preliminares. Esta fijación por la «entrada», que cataloga todas las otras eróticas como anticipos o «preliminares» a él, es lo que llamamos «coitocentrismo».

Dicen, los que saben de estas cosas, que la hormiga es un insecto himenóptero porque tiene una metamorfosis complicada y una boca que es a la vez masticadora y lamedora. Y es, como los poetas, buscadora de flores, a las que se arrima incansablemente en busca de néctar.

El término «parafilia» significa etimológicamente «al margen del amor». Nos hemos referido en alguna ocasión a este epígrafe que es la «versión actualizada» de lo que entendíamos por psicopatía sexual y después por perversión sexual. A la «parafilia» la define el «discurso normativo del sexo» como aquella actividad que se fija y se recrea en los preliminares y obtiene placer de ellos, despreciando la cópula. Decía Freud, que inventó un magnífico sistema para decir muchas cosas, que «lo que caracteriza a todas las perversiones es que desprecian el objetivo esencial del sexo: la reproducción». Si «preliminar» es una condena nominal para la acción, «parafílico» es la culpa para el actuante.

Me tumbé desnuda en la cama con las piernas abiertas, dejando que él, una vez más, me sorprendiera. Jorge abrió el balcón. Pensé que quizá, hoy, íbamos a ser unos exhibicionistas amantes. Pero no fue así. Dejó que se posaran en su mano un buen puñado de hormigas que trepaban concienzudamente por las ramas de la glicinia. Después, las depositó, una y otra vez, sobre mi vientre. Las hormigas empezaron a distribuirse alocadamente sobre mi cuerpo. Notaba sus pequeños pies recorriendo desconcertados la extraña geografía de mi cuerpo. Me estremecí. Jorge volvió a alargar la mano hasta la trepadora y extrajo, de varios racimos, decenas de pequeñas flores. Algunas hormigas habían abandonado ya mi cuerpo y vagaban por el páramo de las sábanas. De pronto, me vi cubierta de flores malvas e, inmediatamente, las hormigas se reagruparon en torno a ellas. Como con un imperativo marcial e irreprimible, los pequeños insectos siguieron el rastro azul de su deseo y el circuito invisible del mío. Se amontonaron sobre el pezón de mi pecho izquierdo, rebuscando entre las flores con las que Jorge me lo había vestido. Se posaron sobre la palma extendida de mi mano. Se posaron sobre mi pubis y sobre la yema de mi dedo que me acariciaba. Y descendieron. Imprevisibles. Temibles. Fue así como Jorge me tocó sin tocarme. Distribuyendo flores.

Perverso es llamar perverso a lo que no lo es. Perverso es hacer de algo inconmensurable una imposición homogeneizada sometida a controles de calidad. Perverso es ponerle nombre, «formicofilia», a lo que no lo tiene. Perverso es decir que para «comer» (no sólo para comer un pollo precocinado) hay que precalentar el horno a 170 ºC, cocer doce minutos y servir caliente. Y perverso es el que dice que el Amor está al margen del amor.

Cuando no sabemos representar porque no hemos entendido lo que vamos a pintar, a narrar o a razonar, olvidamos los detalles, no somos capaces de exponer el matiz, aquel lugar, como decía Wilde, donde habita la inteligencia. El plano de nuestra sexualidad «normatizada» se dibuja con una sola línea: la que va desde el beso hasta el coito. Lo demás son enfermizas fijaciones que borramos de la representación, dejándolas en algo, los preliminares, que no alcanzan el rango de práctica, de erótica.

Decir que «los preliminares sirven para preparar el coito» es dibujar nuestra sexualidad como los niños dibujan un hogar: con un trazo y un tejado rojo. «No hay sin duda nada más emocionante en la vida de un hombre que el descubrimiento fortuito de la perversión al que está destinado.» Michel Tournier sabe, sin duda, que para el orden moral no hay nada más excitante de reprimir que la perversión que a uno le espera.

Alcancé el orgasmo entre piernas de hormigas y lenguas de flores. Antes de que cayera la noche, recogimos las flores y a sus fieles amantes y los devolvimos a su jardín. Ahora, en otoño, espero la primavera y que nuestro balcón se cubra de flores malvas. Y que vuelvan a ellas estos insectos himenópteros que muerden y chupan.

El sexo sin penetración es incompleto

Se habrá marcado un gol cuando el balón haya traspasado totalmente la línea de meta entre los postes y por debajo del travesaño, siempre que el equipo anotador no haya contravenido previamente las Reglas de Juego.

El gol en el Reglamento Oficial de Fútbol

Raúl era un importante empresario con negocios diversificados en distintos países de Sudamérica. Una planta de producción de una de sus empresas textiles se encontraba en Arequipa, en la frontera peruana con Chile. Fue allí donde, en un segundo viaje, le conocí.

Nacido en Chile aunque oriundo de Europa, hijo de padre español y madre italiana, hablaba con un curioso acento que hacía que las letras de mi nombre bailaran cada vez que lo pronunciaba. Atractivo y encantador, sentía predilección por un magnífico sombrero Panamá que había adquirido en un reputado sombrerero ecuatoriano. Tenía una preciosa hija de cinco años fruto de su primer matrimonio. Sus manos eran firmes, su sonrisa acogedora, su pene no alcanzaba erecto los tres centímetros y sus ojos muy azules contrastaban con el tono bronceado de su piel.

Cuando lo conocí yo tenía veinticinco años y era la responsable, para el área sudamericana, de una importante agencia de prensa con sede en Canadá. Raúl rondaba la cincuentena y, además de mi amante, fue una inestimable ayuda para coordinar el reportaje especial en el que yo trabajaba.

Proviene de los escolásticos la expresión «todo lo que se hace se hace con algún fin». Cuando el cristianismo intenta reconciliar lógica y fe en la Edad Media, mete mano (simbólicamente, claro está) en las causas últimas aristotélicas para explicar la existencia de Dios. «Nada en vano» propuso el bueno de Aristóteles, del que nos han llegado muchas cosas, como, por ejemplo, el que además de ser un pensador brillante, o quizá por eso, sentía una especial predilección por la practica erótica del *homo equus*.

Con esta «lógica de la finalidad» se generó un término: «teleología», cuyo uso hoy en día está bastante restringido a discursos teológicos y filosóficos. Pero si bien la palabra, que suele emplearse como sinónimo de «finalidad», se emplea reservadamente, el concepto está en plena vigencia. «Las cosas las hacemos porque pretendemos alcanzar un fin; si no, no tendría sentido iniciarlas» podría ser el lema que acompaña este pensamiento de los fines.

Nuestra cultura es una cultura finalista. Arrancando en una idea muy cristiana y siguiendo, por ejemplo, la estela de un mal leído Maquiavelo, nuestro orden moral, social y político viene marcado por preceptos de orden económicos y militaristas. «Conseguir eso a cualquier precio», «antes la muerte que el fracaso», «si falla el objetivo, lo que hemos hecho no sirve para nada», «si la pelota no entra, se nos queda cara de tontos» (que diría un ilustrado futbolista). Valoraciones que encontramos a diario y que ejemplifican esa lógica del objetivo, pueril y un tanto ingenua, pero de enorme utilidad en una sociedad de la libre competencia.

Aterrizar y despegar en Arequipa no es tarea sencilla. Pude verlo a mi llegada, cuando los Andes parecían rascar la tripa del Boeing. Con Raúl cogimos un vuelo de la compañía Faucett a primera hora de la mañana, la tarde suele cubrir de niebla el aeropuerto e impide el tráfico, con destino a Lima. Hasta entonces nuestra relación había sido estrictamente profesional, pero algo dicho más allá de las palabras le había hecho regresar conmigo a Lima.

Hicimos el amor por primera vez sobre una playa a unos trescientos kilómetros de la capital, allí en Lima ni los pocos barrios residenciales tenían playas en las que la contaminación permitiera el baño. Alojé mi boca sobre su pecho recubierto de la sal del Pacífico, mientras él mesaba rítmicamente mi pelo. Acaricié su costado hasta que mis dedos toparon con la cinta del bañador. Recorrí el borde del traje de baño casi de puntillas hasta que alcancé el nudo que lo cerraba. Noté cómo su respiración se volvía un susurro. Lo deshice con facilidad y llegué, con la punta del índice, hasta su glande. Nada, ni a él ni a mí, nos inquietó ni nos detuvo. Ni la práctica imposibilidad de colocar un preservativo, que no podía sujetarse en ningún sitio, ni el que yo tardara más tiempo en localizar su pene que en acariciarlo.

Nunca le pregunté cómo había podido tener una hija, nunca me lo dijo, quizá porque nunca hizo falta.

Al sexo sólo le ponen objetivo los que pretenden algo. Ni siquiera el orgasmo y muchísimo menos la penetración son un objetivo digno del sexo. Me explicaba un día un amigo que lo «completo» implica que nada queda fuera, lo completo trae consigo el que no haya un origen ni un destino, sólo un tránsito. Nada cerrado puede ser tampoco completo.

Creer que la interacción sexual se «completa» con el coito es como creer que la vida se completa con un Mercedes SLK. Igual de frustrante, igual de enervante, igual de traumatizante, igual de débil. La inmensa mayoría de las ansiedades que desembocan en disfunciones sexuales (impotencia, eyaculación precoz, vaginismo...) provienen de esa obligación malintencionada de darle sentido a la interacción sexual con el coito de cierre.

—¿Sabes cuál es el último chino del listín telefónico?
—No —respondió el otro.
—Chim Pum.

El Chim Pum final, la *mascletá*, el postre, el *eureka* obligado que culmine una relación que nos han estandarizado en todo y cada uno de sus puntos gentes que sólo saben de puntos, de líneas rectas y de dos dimensiones.

El sexo, como un viaje planificado por una única y ecuménica agencia de viajes que nos marca las paradas, que nos escoge los hoteles, que nos programa las actividades, que nos desplaza a las tiendas de *souvenirs* y que nos ofrece el coito como un único destino. Pero, en la lógica del viaje, sólo los hombres de negocios tienen un destino, para los viajeros su destino es el viaje.

Raúl me pidió en matrimonio. Fue a mi regreso a Madrid. Y yo, con veinticinco años, lo dudé. Dos días. Ello liquidó la relación ilusoriamente estable que mantenía en España. Bueno, eso y una decena de tipos más que aparecieron (o que dejé que se filtraran) en los últimos tres meses. Desestimé el amable ofrecimiento de Raúl, pese a que con él no sólo había aprendido un poco mejor cómo funcionaba la economía en América Latina, si no, sobre todo, que el sexo debía tener una finalidad más allá de una imposible penetración.

Se me permitirá que no sea literal en la transcripción, los recuerdos siempre son más creaciones nuestras que de otros, pero Paul Valéry anotaba en su cuaderno de 1940 una nota que terminaba diciendo algo parecido a lo siguiente: «Otra de las "aberraciones" de la sensibilidad es ese interés persistente por atravesar la idea simplista de la finalidad».

Un poeta que, sin duda, no entendía gran cosa de fútbol...

El sexo con éxito acaba en el orgasmo

continuo, nua.
(Del lat. continŭus).
1. adj. Que dura, obra, se hace o se extiende sin interrupción.
éxito.
(Del lat. exĭtus, salida)
1. m. Resultado feliz de un negocio, actuación, etc.
Del Diccionario de la Real Academia Española

Felipe era el propietario y gerente de varias zapaterías en Barcelona. Como amante era desinhibido y descarado, aunque respetuoso. Me gustaba. Nuestros encuentros sexuales tenían lugar en el pequeño apartamento que yo tenía alquilado. Cuando me anunció que iba a comprar un piso y que le gustaría que nos fuéramos a vivir juntos a él, di por concluida nuestra relación.

Nuestra cultura está hecha de principios y fines. Todo empieza y todo acaba a partir del intercambio de conceptos antagónicos; nacimiento/muerte, sonido/silencio, día/noche... Sin embargo, no todas las culturas opinan lo mismo. El diagrama que refleja el fluir del ying y del yang ilustra el movimiento perpetuo de las esencias; nada empieza y nada acaba, todo fluye, y cuando alcanza un máximo, este máximo ya contiene en sí mismo su opuesto. «El día empieza a medianoche», dice el pensamiento taoísta; cuando creemos que algo ha alcanzado su final, no está nada más que iniciando su inicio. En la pintura naturalista japonesa, por ejemplo, el todo sensible, lo que llaman «las mil cosas», son manchas de tinta espontáneas pero reconocibles: el mar, las nubes, la montaña, los pájaros, el campesino... Sin embargo, cada uno de esos elementos representados parece que vaya a convertirse, en cualquier momento, en el otro. La maestría de pintor está en saber reflejar esto: la diferenciación de las cosas constituidas por lo mismo. La individuación de lo que está constituido por lo mismo en perpetuo movimiento, en insaciable cambio.

En un plató de televisión conocí a Manuel. Médico de profesión, participábamos, junto a otros invitados, en un debate bastante riguroso. Al acabar, nos intercambiamos los teléfonos. Fue, después de la cena, cuando me decidí a aceptar su invitación para continuar la charla en su casa. Cuando desabrochó mi sujetador y apoyó su mano sobre mi pecho, me levanté y di por finalizada nuestra relación.

Una de las muchas cosas que en materia sexual confundimos es el «sexo» con la «interacción sexual». Lo primero hace referencia a todo aquello que se desprende de nuestra condición de seres sexuados. Lo segundo se refiere al uso que hacemos de esa condición durante un encuentro con otro ser humano o con cualquier elemento que nos impulse a manifestarnos sexualmente durante un tiempo determinado. Lo primero es como el lenguaje, lo segundo, como una opinión dada a un conocido. Lo primero está vigente en nosotros desde que nacemos hasta que morimos; lo segundo existe mientras se prolonga el encuentro.

El «sexo» no entiende de principio ni final. Tampoco se define, ya lo hemos dicho en algún momento, a través del «orgasmo». La «interacción sexual» opera, normalmente, siguiendo unos mecanismos que se conocen como «la respuesta sexual humana» o por las siglas DEMOR (Deseo, Excitación, Meseta, Orgasmo y Resolución). Pero no siempre es así de lineal y previsible. En ocasiones una «interacción sexual» se agota en el deseo, otras en la fase de excitación y otras en la meseta. La ausencia de orgasmo no implica, en ningún caso, que el encuentro no haya existido, o que haya sido incompleto o que se tenga que interpretar como insatisfactorio.

Borja era vecino mío. Tenía un pene de dimensiones descomunales que manejaba con cuidado. Su piel era tostada y su acento sureño puso música a algunas de mis noches. Cuando su novia se quedó embarazada, concluimos con nuestra relación.

La satisfacción suele ser un asunto mucho más cultural de lo que creemos y mucho más subjetivo de lo que nos suelen hacer creer. Sentirse satisfecho depende en gran medida de la escala de valores que hemos ido adoptando, pero la satisfacción, como ocurre con la decepción, es siempre una interpretación subjetiva que hacemos de unas circunstancias concretas.

Si creemos que para alcanzar el éxito en una interacción sexual debemos obtener un orgasmo, nos frustraremos en el caso de que esto no suceda. Si entramos condicionados en ese encuentro por ese objetivo de finitud, el orgasmo, además estaremos generando, sin darnos ni cuenta, una enorme tensión que nos va a sabotear, además del destino, el propio viaje.

La inmensa mayoría de las consultas que recibo sobre dificultades sexuales comunes, como la eyaculación precoz, el vaginismo o la impotencia, tienen siempre un mismo origen; la obligatoriedad ineludible de procurar el orgasmo propio y el ajeno. Esa imposición proviene a su vez de que hemos equiparado el éxito al orgasmo, como en lo humano equiparamos el éxito al volumen de una cuenta bancaria. La misma lógica, la misma necedad. Esclavos ocasionales pero serviles de un éxito mal entendido.

Todo terminó con Andrés cuando se masturbó delante de mí. No es que me importara lo más mínimo que nuestra relación erótica pasara por esta práctica o que la hubiera puesto en escena sólo unas horas después de conocernos. Fue más bien un «defecto» de estética. Su manera de jadear, el aire rosado de sus pezones, los movimientos convulsivos de sus manos... completaron un cuadro que no me apetecía volver a ver.

Hablábamos de los japoneses y su estética. Ellos utilizan un concepto, *shibui*, intraducible a nuestro idioma e incomprensible a nuestro pensamiento. La estética o el «buen gusto» derivados del *shibui* consiste en apreciar la belleza de lo incompleto, de lo insípido, de lo que nos deja la libertad para construir lo que pueda faltar, el disfrute de lo que no se ve pero está. Mejor que yo lo explica, por ejemplo, el probar el sashimi y tan bien como él, lo cuentan las relaciones que no acaban en orgasmo y nos colman.

Desde mi ruptura con Felipe hasta la salida del piso de Andrés, entre los primeros días de junio de 2003 hasta mediados del mismo mes, se produjeron varios finales para varios principios, todos en una sola continuidad: mi sexualidad.

El sexo está para pasárselo bien

> *(...) Y para disimular que estaba intacta de mi semen, fingió lavarse los muslos.*
>
> Amores. Libro III
> OVIDIO

El barco zarpó a la hora prevista.

No consigo recordar por qué, en aquella ocasión, utilicé un ferry de la compañía Grimaldi para desplazarme a Génova. Supongo que la premura con la que se organizaron mis vacaciones en Italia imposibilitaron que consiguiera un medio de transporte alternativo.

No soy muy amante de los barcos comerciales. Mi anterior y único viaje apoyada en el mar, dentro del alma siempre húmeda de una de estas máquinas, había sido cuando yo apenas contaba con dieciséis años, en un viaje de Le Havre a Southampton, donde me habían contratado como monitora en unas colonias veraniegas. La experiencia no resultó muy agradable.

Lo que sí recuerdo bien fue el motivo que me llevó a Génova. Debía encontrarme con Jacopo, con el que había entablado, en el trabajo, una de esas amistades que van más allá de las palabras y más allá de las manos. Recorrer con él, durante unos días, el sur de Italia era nuestro objetivo. Validaron mi pasaje casi tres horas antes de subir por la escalerilla del buque, así que tuve mucho tiempo para mirar.

El hedonismo es una actitud ante la vida. Es una filosofía vital que prima el instante sobre el devenir, que reivindica la valentía sobre el miedo, que respeta la materialidad y cuestiona el espíritu, que gestiona lo que sucede sin despreciarse por lo que nunca sucedió, que aprecia la lógica de vida y cuestiona la lógica de muerte, que sabe que lo suficiente es suficiente, que busca el placer donde está, no donde se busca, que hace de su cuerpo su aliado, no su prisión, que desea sin que lo esclavice su deseo, que emplea su tiempo más que su dinero, que hace del placer un entendimiento y no un elemento de uso y que cree que la felicidad de los otros, que pasa por la de uno, es alcanzable a poco que la entendamos. El hedonista ejerce el difícil arte de establecer la paz consigo mismo.

A los seguidores de Epicuro los llamaban los «cerdos», porque, al igual que ellos, se decía que no podían levantar la cabeza hacia el cielo. Epicuro era un hombre de salud frágil, que reflexionaba en un jardín, que bebía agua y comía verduras, aunque no despreciaba el que un día llegara vino o fresas y que creía que si bien el dolor era inevitable, el sufrimiento podía cuestionarse.

Fue después de que los coches hubieran ocupado la bodega de carga, cuando nos hicieron embarcar por orden. Reconocí el olor a salitre, a vómito cubierto de vómito camuflado, a la avaricia de la humedad y a suela de plástico que ha pisado cloro. La mar parecía calmada. Diecinueve horas de viaje eran muchas. Toqué su hombro derecho, el que quedaba al descubierto por una guitarra que le tapaba la espalda. «¿Te apetece que tomemos algo en alguna esquina?... Supongo que este barco tendrá esquinas...» «Bueno, ¿por qué no?», me respondió, mientras sonreía como si de la sonrisa hubiera hecho un oficio.

Con aquel hedonismo de los antiguos, nuestra sociedad ha construido una justificación de la economía de mercado. Vivimos tiempos de reivindicación continua del deber del gozo. De un placer asociado únicamente a la posesión, al consumo. Nos han hecho creer, y hemos caído como pardillos, que nuestra capacidad para acumular bienes de consumo es el indicativo de nuestro nivel de felicidad. Olvidando aquello tan sabio de que «las cosas son de nosotros tanto como nosotros de ellas», que el principio de la pérdida es la tenencia (o, como apunta aquel viejo refrán castellano, de que «de lo contado el lobo come») y que, como decía Séneca, «el pobre no es el que tiene poco, sino el que desea más».

En el sexo, el consumo equivale a la consumación. Hay que consumar a toda costa, hay que empujar, gemir y alcanzar al orgasmo. De lo contrario, mejor fingir, mejor engañar, mejor lavarse los muslos como si hubiera que lavárselos; cualquier cosa antes de reconocer que se ha pretendido comprar algo y que no quedan fondos en la tarjeta de crédito. Pero tan tiránica y tan poco hedonista resulta la exigencia de placer como la prohibición del mismo. Y creer que el sexo es sólo para pasárselo bien es tan necio y estresante como creer que es malo.

Cuando Javier se colocó encima de mí, saltó la alarma en su rostro. Habíamos pasado las primeras horas de la noche recorriendo, entre charlas y risas, los pasillos y las paredes de aquella pecera. Me contó que era músico y que se dirigía a Génova a visitar a su padre. Le propuse mi camarote, el suyo era interior y lo compartía con un amigo que lo acompañaba en la travesía. Me acarició con maestría y yo le correspondí con entrega. Fue después, sobre mí, cuando su pene perdió la erección, cuando su semblante palideció y cuando apareció la primera excusa. Por ese orden. Recordé el viejo chiste del «tratamiento». «Entonces, ¿cómo lo hacéis?» «Muy sencillo, con el tratamiento. Él trata y yo miento...»

Al pronto, la primera excusa se convirtió en una segunda, ésta en una inquietud, la siguiente en una amargura y ésta en una catástrofe. Traté de restarle importancia, no porque me hubiera encaprichado de aquel músico que naufragaba, sino porque, sinceramente, yo añoraba más sus manos que su pene. Sin embargo, nada de lo que le dije debió de sonarle a cierto. Y allí concluyó todo.

Nuestro marco cultural regido por las leyes, casi divinas, de la economía de mercado también se asienta en la lógica de la mortificación de la carne. De los más de trescientos tratados que sabemos que escribió Epicuro, el oscurantismo se ha ocupado de dejarlos en apenas tres cartas, de los Cirenaicos sólo conservamos el nombre, a los Cínicos helenistas los hemos considerado ágrafos, de Lucrecio ha trascendido una obra (naturalmente porque antes se le descalificó como loco), etcétera, etcétera, etcétera. De la mayoría de los templos paganos conservamos las cimentaciones sepultadas bajo las iglesias cristianas y de sus cultos sólo sabemos lo que dicen los que los condenan. Mientras que de los demás, de los espiritualistas que han impuesto el sacrificio y la obediencia sobre el disfrute y el cuestionamiento, conservamos hasta los restos mortuorios (incorruptos, eso sí).

Es por ello, quizá, por lo que mientras más nos asocian el placer al consumo, la riqueza a la posesión y el sexo al orgasmo, más estrechos se vuelven los mecanismos de control y de sanción sobre los medios para alcanzar la felicidad. Consumir con dinero, enriquecerse adueñándose y correrse tras meterla de determinada manera y bajo determinado marco y compañía. Eso es lo que da la felicidad, lo demás son filosofías antiguas...

Al día siguiente, nuestro horario indicaba que debíamos amarrar en Génova a las siete de la tarde. Lo busqué por el buque. Sin ningún éxito. Tropecé con el animador que se esforzaba en entregar al grupo de jubilados su dosis de placer prometida, vi en la pequeña piscina de popa a alguien reclamando a la empleada porque su cabina de preferente no le garantizaba un sitio en las hamacas amarillas, y no vi ni rastro de aquella guitarra. Una guitarra que había aflojado sus cuerdas sólo porque olvidó que el sexo no es ni todo lo que nos dicen ni para lo que nos dicen, sólo porque creyó que el éxito del concierto estaba supeditado a unos «bises».

No se puede vivir sin sexo

Porque hay eunucos que nacieron así del seno materno, y hay eunucos hechos por los hombres, y hay eunucos que se hicieron tales a sí mismos por el Reino de los Cielos.
Evangelio según San Mateo 19,12

Es difícil encontrar un acto más sexual que la emasculación voluntaria. Castrarse, para intentar liberarse de la condición de ser sexuado, para borrar, desde la amputación física, cualquier atisbo de sexo en uno mismo, es un gesto de infinita exaltación del sexo. Un gesto que sólo un ser sexuado, extremadamente consciente de su naturaleza, puede hacer única y exclusivamente a través del sexo. Un gesto que añade más que borra, que realza más que oculta y que criminaliza a los que, de nuestra naturaleza sexual, han hecho un crimen, mucho más que lo que purifica.

Hacer del sexo una condena es, ante todo... *hacer sexo*.

«Sin embargo, es seguro que un eunuco sólo puede satisfacer a los deseos de la carne, a la sensualidad, a la pasión, al libertinaje, a la impureza, a la voluptuosidad, a la lubricidad. Como no son capaces de engendrar, están más cerca del crimen que los hombres perfectos, y son más buscados por las mujeres libertinas, porque les dan el placer del matrimonio sin que corran los riesgos.» Así lo contaba Ancillon en su *Tratado de los eunucos*, una curiosísima obra de principios del XVIII.

Orígenes, el alejandrino del siglo II, uno de los principales exegetas de la doctrina cristiana, hizo de la autoextirpación de sus genitales una ofrenda. Se mutiló en un arrebato de deseo por dejar de desear... para entregar un eunuco a los cielos. Apasionadamente.

Al abrir mi correo electrónico, vi que había recibido una nota de Paul. Junto a unas líneas, en las que sublimaba el hecho de haberme conocido y me animaba en mi curiosidad por la erótica masoquista, enviaba tres imágenes: Paul atado en una cruz de San Andrés, Paul escarificado en una jaula cilíndrica y el escroto de Paul clavado en una tabla. Supongo que era una carta de amor.

En la letra de la mortificación, que come de lo que reprime, el sexo también escribe.

Sofía temía el que su marido la cogiera de la mano cuando llegaba a casa. Temía su mano meciéndole los cabellos, temía los gestos de complicidad, cuando sólo él era el cómplice, y temía cualquier cosa que pudiera indicar que el encuentro sexual estaba próximo. A cambio, a sus sesenta y tres años, regentaba una cadena de establecimientos de ropa, practicaba el paddle o el golf antes de incorporarse al trabajo, fumaba dos cajetillas de tabaco inglés al día y su móvil no se apagaba nunca. Sin embargo, los dolores de cabeza sólo aparecían cuando no quedaba otra excusa.

La conocí a finales de 1999. Ella sabía que yo, en aquella época, ejercía la prostitución, sencillamente porque había contratado mis servicios para demostrarse que su desapego a la sexualidad no era un asunto de preferencia sexual. Desde entonces, y pese a lo fallido, en lo erótico, del encuentro, habíamos entablado una peculiar amistad.

Epicuro, en su teoría hedonista, clasificaba las apetencias en naturales y necesarias, naturales y no necesarias y ni naturales ni necesarias. El hambre, por ejemplo, era de las primeras, comer un *soufflé* de langosta, de las segundas y tomar un sorbete de frambuesa después de haberse comido un *soufflé* de langostas en el restaurante más *chic* de la ciudad, de las terceras. La felicidad consistiría en satisfacer las primeras, no depender de las segundas y prescindir de las terceras.

El sexo, como condición consustancial a la naturaleza de lo humano, es natural y necesario, además de irrenunciable. El sexo no se emascula por más voluntad que se le ponga. Pero otra cosa es la puesta en práctica de las actividades que el deseo sexual propone, lo cual es una apetencia natural pero no necesaria.

El sexo es la propuesta, la capacidad infinita que tenemos de proponer, no sólo la concreción de estas propuestas. Igual que la escritura es la propuesta de escritura, no sólo la concreción en un libro. Los que escribimos libros somos escritores, igual que los que follamos somos sexo, pero eso no significa que el que no los escribe o el que no interacciona sexualmente no sea literatura o sexo.

Perder el habla no es perder el lenguaje; el afónico, el mudo o el que quiere quedarse callado siguen siendo lenguaje, porque el lenguaje es su condición de humano. Y la humanidad no atiende a negociaciones, a voluntades o a mutilaciones. Hablar es algo natural pero no necesario. El voto de silencio y el voto de castidad no eliminan ni el lenguaje ni el sexo, no eliminan nuestra humanidad, sólo la mortifican.

Sofía me propuso que me acostara con su marido.

Se cuenta que el esteta John Ruskin abandonó las prácticas sexuales cuando descubrió que su esposa tenía vello en el pubis. De Schopenhauer, sabemos que su misoginia le hizo permanecer célibe toda su existencia; de Bataille, que pese a sus magistrales y sicalípticos relatos, sentía terror cuando debía hablar de sexo o cuando veía una obra de Magritte que representaba una cara en la que los ojos y la boca habían sido sustituidos por unos pechos y un pubis. Georges Sand dejó escrito que Chopin sólo tocaba el piano.

De Ruskin, Schopenhauer, Bataille o Chopin, se puede decir que tenían particularidades con la puesta en práctica de lo que su sexo les escribía. Pero ninguno de ellos murió de eso. Y a ninguno de ellos les dejó de hablar su sexo.

Hace poco volví a encontrarme con Sofía y me interesé por su ánimo. Nos sentamos en la terraza de un bar frente a dos cafés, y en su tono siempre vehemente y jovial, me habló. Llevaba veinte años de matrimonio y amaba profundamente a su esposo, pero las estrategias para evitar el «roce» se le estaban acabando. Me contó que, de joven, tuvo la regla durante seis meses, prácticamente de manera ininterrumpida, y que estaba convencida de que fue ella la que se la provocó para poder justificar el no tener encuentros sexuales con su novio de entonces. Me contó que su ginecólogo le había dicho que nunca había visto un caso de falta de deseo semejante al suyo. Me contó las dolencias que fingía frente a su *partenaire*, alguna de ellas tan pintoresca como que sufría un «síndrome agudo de espasmo perineal». Y me contó que, ocasionalmente, cuando todo lo demás fallaba, transigía.

Deduje de sus extensas explicaciones que, por encima de todo, lo que más le inquietaba era su presunta «anormalidad». Le expliqué que ella tenía más sexo que nadie. Que, en mi opinión, el sexo ocupaba más espacio en su cabeza que ninguna otra actividad. Que lo único que le sucedía era que no le gustaba «follar», posiblemente porque había perdido o no tenía el hábito, la «cultura», de la interacción sexual.

Ella me miró con curiosidad y, dando un brinco, me dejó con la taza de café en las manos. Se despidió rápidamente alegando no sé qué. Posiblemente le inquietó pensar que pensaba.

El sexo es un impulso biológico

ESCENA VII
El patio de palacio repleto de gente.
(PADRE UBÚ coronado, MADRE UBÚ, CAPITÁN BORDURA,
LACAYOS cargados de carne)
LA PLEBE. *¡He aquí el rey! ¡Viva el rey! ¡Hurra!*
PADRE UBÚ (Arrojando oro.) *Tomad, para vosotros. No me
divierte demasiado daros dinero, pero ya sabéis, es Madre Ubú quien
lo ha querido. Prometedme, al menos, que pagaréis los impuestos.*
TODOS. *¡Sí, Sí!*
CAPITÁN BORDURA. *Mire, Madre Ubú, cómo se disputan el oro.
¡Qué batalla!*
MADRE UBÚ. *Verdaderamente horrible. ¡Argg! Allí hay uno con
el cráneo abierto.*
PADRE UBÚ. *¡Qué bonito espectáculo! Traed más arcas de oro.*
(...)

Del Acto II de *Ubú Rey*
ALFRED JARRY
(Ubú acaba de derrocar como rey a Venceslao)

Tan decepcionante es derrocar a un rey como esperar algo
del nuevo, y tan ajeno suele resultar para el pueblo, como indiferente para el concepto del poder. Al menos, mientras nos
sigan haciendo falta reyes.

Determinar quién debe mandar no es siempre asunto sencillo. Pero entre las características múltiples que pueda tener
un poder, hay una que suele ser común a todos los recién
llegados que alcanzan el trono: estar, o hacer creer que están,
en posesión de la Verdad.

La verdad se convierte así en «aquello que justifica la toma de poder y el ejercicio legítimo del mismo». Un «discurso de la verdad» suplanta a otro y vive el tiempo que tarda en aparecer un tercero, mientras que en proclamarse tarda lo que tarda en convencer de que la suya es la «verdad más verdadera». Lo irrefutable deja de serlo cuando otro poder se proclama (en su justificación) como irrefutable.

Un rey dura lo que dura su verdad. El tiempo en que nos tiene convencidos de que no hay más verdad que la suya.

En las alcobas de palacio, se está discutiendo sobre quién es el rey legítimo que gestiona el «discurso normativo del sexo». Se discute sobre quién debe, desde la verdad, ejercer el uso de la palabra en nombre del sexo. Mientras, el sexo calla y el modelo que lo representa permanece inmutable, respaldado por las distintas verdades (los distintos emperadores) que lo justifican y lo consolidan. Porque no se cambia el collar, sólo se discute sobre quién es el amo que debe, esta noche, pasear a la fiera. Y nosotros vemos pasear al perro, mientras nos hacen creer que es un perro el que pasea y que la fiera es sólo un pastor alemán adiestrado.

Hasta ahora, la voz del rey nos decía que el ejercicio del sexo dependía de nuestro raciocinio, el que, hábilmente guiado por el recto código moral que la corte emitía en forma de cultura, mantenía el control sobre lo que nosotros decidíamos hacer con nuestra puesta en práctica de la sexualidad. Sólo existía algo único que mandaba sobre nuestras pasiones y nos permitía obrar bien o mal: nuestra propia voluntad. Ésa era la verdad.

Un día, apareció un nuevo pretendiente. Sostenía, en su verdad, que nosotros éramos entidades bioquímicas, determinadas y reguladas por un funcionamiento endocrino en el que nuestra conciencia, nuestra voluntad, muy poco podía hacer. El monarca pretendiente llegó, en su argumentación de toma de poder, cargado de hormonas, de ciertos niveles de producción en sangre, de glándulas y de estadísticas. Y expuso la nueva verdad de las cosas.

La infidelidad no era ya una cuestión de inmoralidad, sino de una conducta inmoral determinada por la oxitocina, el deseo ya no era una cuestión de un mayor o menor uso libertino de nuestra libido, sino de niveles de testosterona que nos convertían o no en libertinos. Inmorales y libertinos en ambos casos, por cualquier motivo.

Y los pecadores pasaron a ser pacientes. Y lo que antes se remediaba con penitencias ahora se remedia con parches. Porque no podía ser de otra manera, lo que la moral exige que se remedie tiene remedio. Cuando la voluntad no controla la endocrinología que nos conforma, la única voluntad que nos queda es la de «remediarnos». La ridícula pugna entre algunos «culturistas» (humanistas, religiosos, moralistas...) que proclaman que lo que determina el uso de nuestra sexualidad son factores estrictamente culturales y algunos «biologistas» (científicos, médicos, biólogos...) que sostienen que sólo somos lo que nos conforma bioquímicamente y en función de eso actuamos, estaba servida. Parece que hace falta un rey que, en el sexo, defienda con verdades el discurso normativo de siempre.

Nunca me ha gustado el atún poco hecho.

Pedí que lo pasasen un poco más, o que, al menos, lo pescasen antes de servírmelo.

—Prefiero que no nade en mi estómago...

Observé mi copa medio vacía y busqué desesperadamente en la cubitera la botella de tinto. Si la noche seguía así, sólo acabaría encontrando consuelo en el vino. De los cuatro comensales que me acompañaban, tres eran estúpidas y el cuarto, el marido de una de ellas. Borracho. No podía ser de otra manera.

Hay veces en las que tendemos a marcar dicotomías donde no existen. Pero ya se sabe, nuestro entendimiento parece que sólo funciona si confrontamos opuestos. Si no está arriba, está abajo, si no es claro, es oscuro, si no es de día, es de noche. Es nuestra lógica de la confrontación binaria, donde «esto» es «lo que no es aquello», olvidando los «sucediendo» y «lo que tiende a». La «lógica difusa» sigue siendo más difusa que lógica.

Determinar si nuestra naturaleza última es cultura o biología me parece una de esas dicotomías absurdas. Somos bioquímica y cultura. Nuestra bioquímica condiciona la aprobación o el rechazo de los valores culturales que se nos presentan y nuestros valores culturales adquiridos, en nuestro proceso de «humanización», condicionan nuestras reacciones bioquímicas. Cuando mis valores hacen que interprete una situación como triste, mis niveles de dopamina bajarán, cuando mis niveles de dopamina bajan, harán que interprete cualquier situación como triste.

Sexualmente, mi orgasmo, sin la interpretación que de él hace mi código de valores, sería como un calambre, mientras que si mi orgasmo no fuera acompañado de una reacción física, sería una mera especulación abstracta.

Escribía no hace mucho, en un artículo, otro ejemplo:

Es como si mi panadero se preguntara cuando solicito la de cuarto muy hecha:

«¿Quién me está hablando? ¿La filosofía y la gramática de Valérie o la laringe y la lengua de esta francesa tan... francesa?».

¿Quién debe regir mi forma de pedir la barra? ¿Los gramáticos, los logopedas, los otorrinolaringólogos, Dale Carnegie o mis ganas de comer pan?

Determinar nuestra naturaleza última es darle el cetro a quien consideremos que tiene la autoridad (la verdad) sobre el sexo y decidir quién puede establecer los códigos morales para seguir haciendo moral del sexo. Eso es lo que creo que verdaderamente se está decidiendo.

Al estar yo en la mesa, la conversación derivó, inevitablemente, hacia el sexo. En el aburrimiento o en la reflexión es cuando verdaderamente podemos llegar a ver lo que un idiota puede dar de sí. Las tres defendían apasionadamente la tesis de que el bien moral está en la «naturaleza». «Las leonas cuidan a sus cachorritos amorosamente...», sostuvo la de mi izquierda para ilustrar su tesis. Mientras, las otras dos reflexionaban profundamente sobre lo que ella acababa de decir (aunque, quizá, sólo rezaban en espera de la iluminación divina). Y el otro seguía bebiendo (aunque, quizá, sólo comulgaba).

Llegó el punto central de su argumentación; la homosexualidad no se daba en la naturaleza, por tanto, la homosexualidad no estaba «bien». *In vino veritas*, pensé, tomando otro trago. Posiblemente fue el vino, o mi hartazgo, o que anticipaba que la cuenta iba a acabar cayendo de mi lado (cuando hay cuatro ricos en una mesa, suele ser el quinto pobre el que paga la cena.) Así que, muy solemne, me puse en pie, tiré sin querer el vaso de agua (posiblemente bendita) que bebía la partidaria de lo natural. Y le dije: «Mira, bonita, si una de las cachorritas crece, es más que probable que su padre se la folle en cuanto tenga su primer celo. A los cachorros machos, posiblemente no les dé por el culo, pero sólo porque antes se los habrá comido a poco que tu amorosa leona madre se descuide un momento...». Balbuceó algo mientras se secaba el agua de la falda. Pensé que allí se había acabado la cena, pero no. Y la cuenta cayó de mi lado.

Los riesgos de una moral *biologista* son evidentes: si aceptamos la verdad biológica de que somos marionetas en manos de nuestra endocrinología, el orden moral debería tambalearse. Porque el mismo fundamento del libre albedrío y de la responsabilidad última de obrar bien o mal quedaría en entredicho. Ya no seríamos ni buenos ni malos, sólo actuaríamos bien o mal, pero nunca por culpa nuestra, sino por culpa de algo que nos trasciende; nuestra conformación química.

En Occidente, el ser humano es la causa última de su responsabilidad. EE UU es el país (aunque no el único) del sueño americano. Quien quiere puede, sólo es cuestión de voluntad y determinación. Cualquiera puede ser presidente o millonario, sólo depende de su voluntad de serlo. Es quizá por eso por lo que es el país con más frustración y amargura por metro cuadrado; quien no consigue lo que quiere es porque le falta ejercer la responsabilidad sobre él mismo, lo que lo convierte en un vago o un disminuido. Por otro lado, el mismo país es posiblemente el único de nuestra cultura que mantiene vigente la pena de muerte como sanción a un delito. El principio es el mismo: las acciones son siempre responsabilidad del que las ejecuta, no de su páncreas. Quizá por eso sea también el país donde más creacionistas existen y más se condena a Darwin (aunque se haga una particular interpretación de su teoría de la selección natural aplicada a los negocios).

Morales deterministas escritas por la ciencia o por la mano de Dios, cuando la verdadera moral del sexo es muy sencilla: «Gozar y hacer gozar, sin hacer daño ni a ti ni a nadie: he aquí, creo, toda la moral», como dejó por escrito Nicolas de Chamfort. El mismo que dijo que «cualquiera que haya destruido un prejuicio, un solo prejuicio, es un bienhechor del género humano». Pero lo primero es imposible sin lo segundo. No haremos el bien si al otro lo han convencido de que le estamos haciendo el mal.

Rompamos los prejuicios y no los perpetuemos desde una concepción de nosotros mismos o desde otra... que el conocimiento de nuestra condición no alimente la concepción que de nosotros tienen los de siempre.

Y dejemos a Ubú *Roi* para los buenos lectores... y los reyes para los monárquicos.

Los hombres siempre tienen ganas y las mujeres no

> *En las mujeres el útero y la vulva no se parecen menos a un animal deseoso de procrear, de manera que si permanece sin producir fruto largo tiempo en la estación propicia se irrita y enoja, erra a través de un lado a otro a través de todo el cuerpo, obstruye los pasos del aire, impide la respiración, reduce el cuerpo a las últimas extremidades y engendra mil enfermedades (...)*
>
> PLATÓN
> Timeo

Otra vez Platón. No es casualidad. Platón es algo más que un filósofo: es la ideología dominante. ¡Ojo con él!, pues es el padre de nuestro sistema de valores. De esa moral que prima la continencia o la mortificación en pos de un más allá (mucho más allá), de la que desprecia el mundo y mira a los cielos. Su «idealismo», ultramundano, superior y absoluto cumplió la victoria del espíritu sobre la carne, del escándalo sobre la aceptación y de la culpabilidad sobre el gozo.

Si en la batalla por los sistemas de valores hubiera ganado, por ejemplo, el libertino de Aristipo de Cirene o el sabio de Epicuro, nuestra cultura no se parecería en nada a la que es y, por ejemplo, el cristianismo, quizá, nunca hubiera terminado siendo lo que es.

No olvidemos eso. Somos lo que nos han enseñado a ser algunos. Nuestros mecanismos de aceptación y rechazo, de análisis y comprensión se los debemos a unos modelos propuestos por determinados «guionistas» de nuestra cultura. Muchos de ellos santificados por las Iglesias y otros por las universidades (como Platón).

—¿Te apuntas, entonces?

Guillermo era un vividor sin grandes vidas. Casado con una morena bastante estúpida (hablar con ella era como escuchar la tele apagada) a la que nunca la hizo partícipe de nuestros divertimentos sexuales, mis ratos con él podrían definirse como los que mantengo con el tabaco: no es que sirvan para gran cosa, pero entretienen. Tenía el mérito, eso sí, de no haberse dejado intimidar por la reputación pública que yo empezaba a adquirir de, como decirlo, mujer «exigente».

Lo pensé un momento. No conocía a los demás invitados y si bien no importaba demasiado, una empieza a hacerse un poco selectiva con la edad.

—Vale, de acuerdo, estaré allí alrededor de las ocho —le respondí.

La orgía estaba, pues, a punto.

Al útero se le llamaba *hystera* en griego. De ahí procede el término con el que la naciente, represiva y catalogadora clínica del XIX designaba a las mujeres que sufrían de una sintomatología compleja; en los orígenes de nuestra sexualidad, a las que «padecían» de ardores pasionales se las llamaba «histéricas». Siempre mujeres, los elementos pacientes de esa diagnosis solían ser aquellas féminas a las que se les suponía una elevada virtud (monjas, viudas o jovencitas).

Hoy en día al generoso deseo sexual femenino se le llama «ninfomanía»; literalmente «furor uterino» (no parece que hayan cambiado mucho las cosas). Los dos términos, *histérica* y *ninfómana*, «gozan» (ya hemos dicho que las palabras no son inocentes) de una connotación marcadamente estigmatizante y despreciativa. El léxico popular las designa como «guarras», «putas», «calentorras», etc. (todos, en fin, muy cariñosos también). Los antiguos decían que aunque las ninfas solían ser beneficiosas, uno debía guardarse muy mucho de su excesiva proximidad, porque su contacto continuado producía otro mal: la «ninfolepsia». El «ninfolepto» se veía atacado de manías y locuras que debilitarían su entendimiento. Empezaba, pues, a entenderse el deseo femenino como agente patógeno y contaminante.

Pero ¿y los hombres? Ellos no pueden ser histéricos (pues no poseen ese animal de la *hystera*), aunque Freud intentó en alguna ocasión demostrarlo (sin mucho éxito académico, por cierto). Entonces, ¿cómo podemos designar a aquellos que sufren de ardores «genitales»? ¿Alguien lo sabe? ¿Alguien sabe por qué no lo sabe?

Nuestro modelo «falocéntrico», que explica toda la sexualidad humana desde la respuesta sexual masculina, no se ha preocupado mucho de darles nombre. «Sátiro» es el término más o menos clínico y «satiriasis», el padecimiento. Popularmente se puede hablar de «machote», de «Don Juan» o de «ligón». ¿Alguien ha percibido el matiz al compararlo con los términos femeninos? ¿Alguien nota la diferencia entre la aprobación y la condena?

El dúplex donde nos habíamos citado estaba en el barrio de la Bonanova de Barcelona. El propietario era un tipo larguirucho, con cara de partida a medio empezar. Fue él el que me abrió la puerta.

—Hola, soy Valérie —le dije.

—Sí, te he conocido... te he visto en la tele —dijo un tanto entusiasmado.

Inmediatamente apareció Guillermo.

—Ven, te presentaré a mis amigos...

Conté, aproximadamente, unas diez personas, además

del anfitrión, Guillermo y yo. En total cinco mujeres y ocho hombres.

Silvia, una chica regordita y ambiciosa, había empezado a retozar en un sofá con un joven atractivo, carne de *spa* y de suscripción a revistas de metrosexuales. Guillermo les interrumpió un momento para realizar las presentaciones. Silvia, con el pecho izquierdo al aire, alargó la mano y me sonrió pícaramente. Juraría que estaba ensalivando. El jovencito se levantó muy cortésmente y me besó dos veces en la mejilla. Olí en su boca el pezón de Silvia.

Para las «histéricas», el tratamiento era sencillo: una comadrona o el propio doctor realizaban un «masaje pélvico» consistente en estimular directamente con sus manos o un chorro de agua sus genitales hasta que la paciente alcanzaba el eretismo.

Mi amigo Juan Romeu, psiquiatra, hedonista y sabio, me contó un día un chiste:

El médico auscultando a la paciente.
—Ay, doctor, que eso no es mi espalda.
—Ni eso mi fonendoscopio, querida...

Esta «masturbación terapéutica» debió de resultar éticamente controvertida para los biempensantes, pues al poco tiempo se inventó un elemento de enorme utilidad: el consolador. Diseñado originariamente (el primer vibrador mecánico data de alrededor de 1870) como elemento exclusivamente terapéutico, su uso comenzó a «domesticarse» pronto (debió de deberse, supongo, a una «plaga» generalizada y sobrecogedora de histerismo colectivo). El espéculo, ese aparatito en forma de cucurucho que se introduce en la vagina y que permite abrirla para observar su estado, es un invento también de esa época que no ha tenido tanto éxito fuera de las clínicas ginecológicas (salvo quizá en caso de *voyeurs* despistados o en ámbitos del SM).

Por qué las mujeres no podían masturbarse solas y necesitaban de ese ambiente clínico y de una dirección colegiada masculina se enmarca dentro de ese contexto de extrema vigilancia sobre aquel verdadero terror de nuestro modelo sexual: el deseo femenino.

La música sonaba por todo el piso. Mientras miraba a Ingrid, la chica holandesa que le había empezado a realizar una felación a Guillermo, alguien me sujetó suavemente por detrás. Pude notar su mano en mi vientre y su duro miembro apoyándose en mis nalgas. Me giré despacio y, sin mirarle a la cara, desabroché el botón de su pantalón y bajé ligeramente la cremallera hasta poder ver como el glande pugnaba por salir de unos calzoncillos demasiado estrechos. Su respiración se agitaba, incliné despacio mi cabeza dejando que mi cabellera cayera sobre el lado izquierdo de mi cara. Me quedé quieta unos segundos, apenas a cinco centímetros de su violáceo glande. Con un gesto le impedí que llevara sus manos a mi cabeza.

—Ponte el preservativo y siéntate en el sofá —le dije.

Mientras me obedecía, extraje dos cubitos de hielo del whisky que me acababa de servir el anfitrión.

Coloqué cada uno bajo sus pies. Rechinó suavemente en un grito contenido.

—Antes de que se hayan deshecho, te habrás corrido —le susurré al oído—. Y todo habrá concluido para ti...

Todavía vestida, me coloqué a cuatro patas frente a él y apoyé la punta de mi lengua sobre el frenillo de su prepucio. Noté las manos de Ingrid, que, desde atrás y boca abajo, luchaban por desabrocharme el pantalón. Guillermo sobre el suelo la penetraba repetidas veces con ardor guerrero.

Nada teme más el «discurso normativo del sexo» que el deseo femenino y nada comprende menos que la sexualidad femenina. Por eso inventa sentencias que, como el estribillo de la canción del verano, se nos adhieren hasta que nos resulta imposible dejar de tararearlas. Una de ellas es la de «los hombres siempre tienen ganas y las mujeres no».

Aquella tarde, que se metió en el día siguiente, en aquel dúplex de Barcelona, los hombres y las mujeres gozaban de las mismas ganas. Aquella tarde, guarras y machotes nos consolamos unos sobre los otros. En aquel encuentro no hubo asimetrías en el deseo, no hubo ni hombres ni mujeres, aunque sólo fuera durante un rato, durante el rato que duró aquel encuentro.

La mayoría de las mujeres prefieren el sexo con amor

El sexo femenino, de baja estatura, de hombros estrechos, de caderas anchas y de piernas cortas, sólo puede ser llamado el «bello sexo» por un intelecto masculino nublado por el instinto sexual. En otras palabras, toda la belleza femenina reside en provocar ese instinto.
ARTHUR SCHOPENHAUER

Luc me preguntó qué me apetecía tomar. «Un té estaría bien, gracias», respondí. A Pierre todavía le quedaba cerveza en la copa. Habían cerrado el bar. Debían de rondar las cuatro de la mañana.

La hembra de nuestra especie no manifiesta un celo puntual. Al contrario de lo que sucede en otros mamíferos, su periodo de fertilidad no genera un instinto incontrolable por aparearse. Es más, ni siquiera la propia mujer, si no se ayuda de un calendario y de unas operaciones aritméticas básicas, conoce esos días en los que resulta especialmente fecundable. No hay sintomatología física ni emocional y, por tanto, no desprendemos ninguna señal que haga que el macho busque un acoplamiento en un momento en que su intervención sería especialmente efectiva. Se puede decir que nosotras, las hembras de la especie humana, mantenemos una predisposición a tiempo completo para ejercer nuestra condición de seres sexuados. Tremendo. Apocalíptico. El control tiene que ser, además de eficaz, continuo.

A Pierre lo conocí a través de unos amigos comunes en un local del que él era copropietario. Francés de nacimiento, aunque residía desde hacía tiempo en España, tenía un aura de tipo enigmático que me atrajo enseguida. Bien parecido, con buenos modales y un discurrir sobrio pero inteligente, intuí que era de ese tipo de personas con recursos humanos que no se dejan intimidar con facilidad. En aquel momento de mi vida, en el que públicamente mi imagen se prestaba a cierta confusión, pensé que podía ser el tipo de persona que, a diferencia de los cretinos y advenedizos que solían rondarme como los tiburones a una balsa, podía reportarme algo. Así fue como, después de vernos varias veces, asistir juntos a algunos recitales y de unas cuantas horas de sexo de buen nivel, me enamoré de él.

El arquetipo de una mujer siempre dispuesta es un elemento totalmente desestabilizador de una cultura como la nuestra. Una cultura que se estructura a través de una familia formada en la erótica de una pareja. En ese marco de estructuración social (y por tanto moral), a la mujer hay que «desengañarla» de sus instintos y de su disponibilidad y establecer unos «periodos» y unas «condiciones» que limiten su ardor. Hay, en definitiva, que inventarle un «celo».

Para controlar, dominar y coartar esta perpetua y generosa disposición, hemos inventado a lo largo del tiempo multitud de estratagemas. Algunas de ellas absolutamente pueriles (como la noche de bodas o la luna de miel), otras perversas, como catalogarla de enferma o de despreciable (como ya hemos visto) cuando manifiesta y usa de esa apetencia sexual sostenida y otros ingenuas, como inculcarnos que la apetencia sexual masculina es mayor que la femenina.

Posiblemente la «luna de miel» sea un invento del siglo XVI. Su función originaria era sencilla. Durante todo un ciclo lunar (la luna de miel debía durar veintiocho días) los casados debían permanecer juntos sin tener contacto con elementos externos a la pareja. Ello aseguraba que durante el asintomático estro de la mujer, el único que podía fecundarla era el marido. Evidentemente, los veintiocho días completaban el ciclo femenino entre menstruación y menstruación (término que en su etimología hace referencia al «mes»), con lo que no había posibilidad de perderse el periodo de máxima fertilidad. Cuentan las leyendas que durante este encierro, los esposos bebían una pócima que facilitaba, presuntamente, la fertilidad: la hidromiel.

La «noche de bodas», muy presente en nuestros días, aseguraba que al menos la cópula de ese día se reservaba al esposo, mientras que la «luna de miel» parece haber derivado en el «viaje de novios» en el que las felices parejas se desplazan a lugares exóticos, más que probablemente, aunque en su conciencia no esté escrito, para alejar a la mujer de las tentaciones de su entorno y justificar, en un lugar extraño en el que ella se pueda sentir inhibida, una convivencia estrecha. La intención de «la luna de miel» no parece haber variado gran cosa, salvo que de ella se ha hecho un negocio lucrativo en el que quizá sólo han salido poco favorecidos los productores de hidromiel.

Estas medidas «sujetan» durante un tiempo a la hembra siempre dispuesta, pero falta algo de mayor eficacia. Falta crearle un periodo en el que su apetito se legitime, en el que ella misma pueda mostrarse hospitalaria y receptiva porque «algo» la autoriza. Y si el cuerpo no da señales, hagamos que las dé el «espíritu».

Y qué mejor para eso que utilizar el amor. El «celo» de las mujeres es el amor. Es una hipótesis, lo sé, que en nada pretende desprestigiar este real y profundo sentimiento humano, pero que, según creo, se manipula para «autorizar» una actividad humana, el sexo, que no necesariamente debe ir, ni física ni emocionalmente, unida a él.

Hemos sido educadas desde pequeñas para amar amando. El enamoramiento nos legitima moralmente en nuestras andanzas. Estamos siendo continuamente reeducadas para que respetemos esa asociación amor/sexo. Ése es el programa, creo, aunque no todas las mujeres caen indefectiblemente en él. «Seguro, el amor es la respuesta. Pero mientras esperamos la respuesta, el sexo plantea preguntas muy pertinentes», declaraba Woody Allen en una entrevista. Para un tiempo después matizar: «El sexo sin amor es una experiencia vacía, cierto. Pero de entre las experiencias vacías es una de las mejores».

Sorbí el té evitando quemarme. Pierre me sostenía la mano con dulzura. Acercó sus labios a los míos y después de besarme, me propuso seguirle.

Luc acababa de secar unos vasos.

—Vamos arriba, ¿vienes?

El paño húmedo sobre la barra fue su respuesta afirmativa.

En el deseo sexual, la mujer es un animal que bebe té y el hombre uno que bebe agua. Los dos son actos motivados por una misma apetencia: la sed. Pero ello no supone que el «volumen» de sed entre unos y otros no sea el mismo. De igual manera, la cantidad de deseo sexual no se cuantifica por género. Hay, en todo caso, una diferencia cualitativa que tiene que ver con la «construcción» de la bebida, con la elaboración del deseo.

Regresé a casa al alba. Mi encuentro sexual con Luc y con Pierre había sido muy satisfactorio. Continué un tiempo viéndome con Pierre. Llegué incluso a pensar que posiblemente él cubriría la ausencia de Giovanni. Pero me equivoqué. La discusión que mantuvimos el día que yo, inocentemente, le pregunté por Luc, puso fin a nuestra relación. Le resultó difícil entender que yo no amaba a Luc. Aunque quizá le resultó más difícil entender que yo hubiera follado con Luc sin amarlo.

La comprensión de estos seres de espaldas estrechas, cuyo único atractivo es obnubilar el pensamiento masculino de tal manera que lleguen a pensar que somos bellas, no es fácil.

Hay que preocuparse siempre por el otro durante el sexo

El yo-yo es un artilugio consistente en dos discos unidos por un eje y un cordón. En la ranura que forman los discos y donde se oculta el eje, se enrolla el cordón que, anudado a un dedo y mediante sacudidas, sube y baja.

EL YO-YO
Definición enciclopédica

En 1660, Rembrandt se pintó con su gorro blanco de pintor, un pincel y la paleta frente al caballete. Sólo su rostro escapa de la penumbra. Moriría nueve años después y aquél sería uno de sus últimos autorretratos.

Sólo temen al egoísmo los «egoístas». La comprensión, la compasión y el cariño son algo que sólo se puede ejercer desde el profundo conocimiento de uno mismo, después de haber conocido en uno mismo y desde uno mismo la incomprensión, la crueldad y el desprecio. El egoísmo, «la práctica del yo», bajo todas sus formas de «yoísmo» y «solipsismo», es una forma de ontología, una manera de entender que el mundo no es más que lo que el yo entiende por el mundo. Del yo se alimenta la poesía que se transmite a un nosotros y es el yo lo que los valientes se atreven a romper y a poner en riesgo para saber lo que es el otro. El egoísmo es, además, una ética: la del que no hace daño porque sabe lo que es el daño. Sólo aprendemos desde el yo lo que al otro yo no le gusta.

El insolidario, el estúpido y el ignorante no es un egoísta, es unególatra que practica la devoción estéril de uno mismo para contentar a ese pobre uno mismo, o un megalómano que cree que fuera de él no existe nada.

Egoístas no hay muchos,ególatras y megalómanos sí. Nuestra cultura de la competencia y del sueño del caníbal triunfante los cultiva y protege. Al humanismo egoísta, en cambio, se le pone el nombre de egoísmo y luego se lo define en el diccionario.

Cuando entramos en la sala, el guía mandó guardar silencio. No sé muy bien por qué aquel día me había decidido, en el hueco largo que dejaban dos clases, a visitar el Louvre. Empecé el recorrido sola, pero tardé poco tiempo en sentirme abrumada, así que, nada más subir a la segunda planta, me adherí a un grupo de turistas alemanes. No tenía, por aquel entonces, ninguna dificultad con el idioma alemán, por lo que las explicaciones del solícito guía no me resultaban difíciles de entender.

La interacción sexual es una «fraternidad de egoístas». El sexo, por su parte, es una lección egoísta.

Cuando se produce el encuentro sexual sólo hay una voz que escuchar, la propia, y un único elemento que mirar, uno mismo. Esto puede resultar un poco difícil de entender, acostumbrados como estamos a tratar conególatras de ambos géneros, que son incapaces de «entender» con quién se está interactuando y el qué se está poniendo en práctica. Estos pajilleros que prefieren la vagina ajena que la mano propia, o estas «dolientes» que prefieren el lamento en compañía que en solitario, no son, naturalmente, los egoístas a los que me refiero. Estos o estas del «yo me lo trabajo» o estas y estos del «no me muevo porque me despeino» son elementos a evitar en cualquier caso, fundamentalmente porque son elementos que no aprenden.

No son estos, sino los egoístas, los que sólo acaban resultando buenos amantes, aquellos que se han formado en la escuela de la autocontemplación; aquellos que, a fuerza de tener tiempo para uno mismo, han sabido entender su deseo e interpretar la reactividad de su cuerpo. Desde esa formación es desde donde se alcanza la solidaridad con el otro, desde donde se le entiende y se le ama. Y es desde allí, desde donde se adquiere la máxima sabiduría en el uso del sexo y de la vida: la espontaneidad.

El silencio que pidió el guía fue para rendir homenaje a Rembrandt. La sala albergaba varias obras suyas. Entre otras, el autorretrato *Rembrandt en el caballete*, al que algunos también llaman *Autorretrato con pintura y pinceles*. Era el efecto de una vida. Cada arruga pintada era una conclusión, cada oscuridad, una emoción y su mirada era una lección: la lección. El guía, en un alemán esforzado, explicaba cuestiones técnicas y biográficas relacionadas con la pintura. Me apreté en el grupo con intención de ocultarme.

Yo no diría que soy especialmente aficionada a las orgías. Creo que posiblemente se deba a la dispersión que suelen conllevar. La preocupación excesiva por el estado de los otros, la atención por los cambios de preservativos de vagina a vagina, los continuos cambios de posición, impiden la introspección. He obtenido algunos orgasmos satisfactorios en ellas, tanto en las de pago como en las «amistosas», pero para ellos he tenido siempre que dar, de palabra, algunas indicaciones previas y cerrar el corrillo a mi alrededor a no más de tres personas. Las orgías son demasiado «solidarias». Buscan más el placer del colectivo que el de las individualidades que lo componen y eso, bajo mi criterio, le resta eficacia. Son más interesantes de contar que de vivir.

Los caminos del deseo son inescrutables. Frente a aquella magistral enseñanza de vida pintada sobre una tela tuve la imperiosa necesidad de masturbarme. Entre varios alemanes con más ganas de ver Pigalle que de pararse en la sala de pintura flamenca, introduje mi mano derecha en el bolsillo del pantalón, pasé mi dedo enguantado en el forro del bolsillo por debajo de las braguitas y empecé a acariciarme. Fui capaz incluso de hacer una pregunta, sin dejar de rozarme, cuando nuestro cicerone parecía que abandonaba la obra para dirigirse a otro cuadro. Cualquier cosa por retenerlo un minuto más. No escuché la respuesta. Cuando el hombre grueso que me cubría el flanco derecho se agachó para recoger la bolsa que había dejado en el suelo y continuar trayecto, yo alcancé el orgasmo.

Compré en la tienda de souvenir una postal con la imagen de aquella obra. Sólo para poder contemplar una y otra vez cómo, a través del acto egoísta de retratarse a uno mismo, aquel viejo pintor holandés me había explicado, mejor que nadie, el sentido de la condición humana.

Un oficio y una sabiduría que le había procurado el dulce y magistral balanceo del yoyó.

Hay que practicar mucho para hacer bien el amor

Coll: *En efecto, les vamos a enseñar cómo se llena un vaso de agua. Y a partir de este instante, todas las palabras las irá traduciendo mi compañero al francés, que como verán, es una lengua que domina perfectamente.*

Tip: *Bah... com si com sa...*

(...)

Coll: *Comenzamos*

Tip: *Comenson*

Coll: *Empezamos*

Tip: *Enpeson*

Coll: *Principiamos*

Tip: *Principion*

(...)

Coll: *Socabramos*

Tip: *... lamadelon*

Coll: *Para llenar un vaso de agua...*

Tip: *Pur llené un vas de ló*

Coll: *Es imprescindible que el vaso esté vacío.*

Tip: *Que le vas va sua*

Coll: *Porque si el vaso está lleno...*

Tip: *Pasque si é llenon*

Coll: *No se podrá...*

Tip: *Ce né pa posible!*

(...)

Extracto de la transcripción del diálogo de Tip y Coll explicando cómo debe llenarse un vaso de agua.

Sentada en aquel viejo taxi me preguntaba de qué le había servido al taxista llevar treinta años al volante. «Llevo treinta años en el taxi, señorita. Y le aseguro que es mejor subir por Diagonal», dijo entre sacudidas y volantazos.

El inconveniente de la práctica es que crea rutinas. El problema es que se hace de la rutina de la práctica la propia práctica. Entre la infinitud de actividades que realizamos los humanos, hay una, por encima de todas, que se apoya mucho más en la creación y en el conocimiento que en haber generado una rutina de actuación: el trato entre humanos. Cada ser humano es un elemento extremadamente complejo, diferenciado e imprevisible y no es lo mismo venderle un coche o relacionarse con él en una web de contactos que pretender entablar un encuentro carnal o conocerlo en una biblioteca pública. Sin embargo, solemos topar con personas que emplean la misma estrategia, el mismo método o la misma secuencia de actos, independientemente de con quién traten, en qué situación se encuentren o lo que pretendan. Son personas que han creado una «rutina de interacción», que en el marco donde se ha generado puede tener cierta eficacia, pero que resulta ridícula cuando la emplean en una circunstancia distinta a la que la generó. Son personas incapaces de «crear» otro «formulario de contacto» porque son personas sin capacidad creativa y sin el mérito sabio de la espontaneidad.

Tocar un violín, manejar un MD-87 o construir un zapato son actividades que requieren una cierta dosis de espontaneidad creativa, pero sobre todo un fabuloso bagaje de práctica. El violinista, el piloto o el zapatero deben llegar a una comunión total con el elemento con el que interaccionan, haciendo de la práctica un método extremadamente eficaz. Sin embargo, los seres humanos no somos un instrumento, un avión o un calzado, somos una sinfonía, un cielo o un camino.

Cuando conocí a Monsieur Guignot en la asignatura de Filosofía de la Universidad de Besançon, me dejó absolutamente fascinada. Su conocimiento sobre las vidas, obras y milagros de los filósofos franceses del siglo XX era vastísimo.

Sus ideas me parecieron extremadamente originales, y naturalmente, con veintiún años, sucumbí irremediablemente a sus encantos. El problema, en aquel entonces, fue que él no sucumbió a los míos.

Ocho años después, participaba como tertuliano en un programa de televisión. Yo me encontraba en casa de mis padres, pasando unos días con ellos después de demasiado tiempo sin apenas contacto. Me pegué al televisor. Sobre la mesa de debate sus respuestas fueron tópicas, su erudición sonaba siempre pedante y sus reflexiones, estandarizadas. Tuve la sensación de que entre tanta lectura, entre tanta práctica de reflexión, se le había escapado la mayor; se había aprendido de memoria el mapa, pero no conocía el país. Monsieur Guignot, ocho años después, era un filósofo, pero no un sabio. La práctica había hecho de él un practicante, pero no un humanista, había aprendido mucho, pero no entendía gran cosa.

El valor de la práctica está siempre en función de la capacidad de aprendizaje del individuo. Si el umbral de aprendizaje es bajo, la experiencia adquirida con la práctica resulta del todo innecesaria. El genio, en una disciplina, con la práctica, potenciará su genialidad, el tonto, con la práctica, sólo potenciará su tontería.

La experiencia es el más alto de todos los valores cuando se ha hecho de la experiencia un valor. Cuando se ha hecho de ella, de la práctica, una rutina que no aporta experiencia por más horas que acumule, el experimentado no tiene más méritos que el novato. Lo importante, según creo, es la capacidad de entendimiento, la empatía que somos capaces de generar con nuestros semejantes, y esto no lo dan necesariamente las horas de vuelo, el número de camas o las titulaciones académicas. «El sabio puede sentarse en un hormiguero, sólo el necio se queda sentado en él», dice el proverbio chino. Hay que saber cuándo hay que levantarse del hormiguero y mirar hacia otro sitio para convertirse en un experimentado y sabio entomólogo.

Recordé a Diego, mi último amante, abandonado en el portal de mi casa la noche anterior. Diego fue, la primera noche, un magnífico amante. Supo encadenar una coreografía que hizo que nuestro encuentro fuera plenamente satisfactorio. Se le notaba maestría y oficio en el tacto. Se veía que la mía no era su primera cama, ni la única que visitaría aquella semana.

La segunda noche, algo hizo disparar mi señal de alarma: la incómoda sensación de *déjà vu*. La tercera noche ya sabía qué iba a decir, cómo se iba a colocar, por qué puerta iba a entrar y por cuál iba a salir. Si Verne, de la mano de Phileas Fogg, dio la vuelta al mundo en ochenta días y Cortázar, la vuelta al día en ochenta mundos, yo había dado ochenta vueltas a Diego en una noche. Justo lo que tarda uno en comerse un plato precocinado o en leerse el manual de usuario de un lavavajillas.

Para la interacción sexual, una buena cabeza vale mucho más que una mecanización de procesos más o menos eficaz. Para la vida, también. El sexo es un asunto de comprensión de lo humano y no una secuencia de gestos y puntos bien aprendida. No hay mejor práctica para el sexo que el pensamiento. Sin embargo, siempre hay un buen samaritano dispuesto a darnos o a vendernos la receta y a recordarnos que el hábito sí hace al monje.

En tiempos en los que no hay tiempo, en nuestra era de la inminencia, somos presa fácil de los manuales, de las mecanizaciones, de los artículos copiados y de los remedios milagreros. Preferimos reducirlo todo a una cancioncilla fácil de aprender y convertir todo en la receta de una compota de manzana.

La única ventaja de confeccionar y adquirir «manuales del buen amante» o «códigos del perfecto seductor» es que cuando te encuentres al lector de uno de ellos en tu cama, puedas saber cuál de esos libros se ha leído, y si te lo has leído tú también, tener al menos algo de que hablar mientras practicas lo de siempre.

En el sexo hay que conocer tres cosas básicas que se aprenden, a poco que nos dejen, antes incluso de aprender a leer. Los manuales que recomiendan la práctica de una estandarización de la seducción o del *ars amandi* resultan igual de cómicos que dar una lección bilingüe sobre cómo llenar un vaso de agua o la afirmación de Salvador Dalí: «Soy practicante pero no creyente». Con la salvedad de que la lección y la afirmación son geniales.

En ésas estaba cuando se le caló el taxi. En medio de aquel atasco en la calle Diagonal.

El hombre, cuanto más aguanta, mejor amante es

«¡Puccini tardó cuatro años en componerla!», susurró maravillado, interrumpiendo, una vez más, la audición.

Giovanni se giró hacia él, molesto:

«¿Crees que si hubiera tardado diez minutos, cambiaría algo?», le dijo.

El político se quedó meditativo.

«Llevas demasiado tiempo pagando a tus empleados por hora...», concluyó Giovanni.

En una pequeña población de la Toscana, durante un recital que incluía una selección de fragmentos de Turandot.

(El concejal de Cultura, que quería asociarse con Giovanni en un negocio inmobiliario, nos hizo de anfitrión. Solícito, complaciente, queriendo agradar continuamente, nos dio la noche.)

La práctica del *coitus reservatus* surgió, como el *coitus interruptus*, como un método anticonceptivo. Su propósito era, en un principio, simple: evitar, durante el coito, la eyaculación dentro de la vagina. Para conseguirlo, se empleaban distintas técnicas de control físico (retención de la próstata a través del músculo pubococcígeo y control de la respiración), mental (fundamentados en gestionar la excitación) y una rutina copulatoria que contemplaba la combinación de penetraciones profundas y cortas con detenciones.

A Giovanni lo conocí en el burdel en octubre de 1999. Desde el momento en que nos vimos, supimos, pese a nosotros mismos, que íbamos a vivir algo más que unos ratos de sexo de pago. Solía venir, en nuestros primeros encuentros, acompañado de un amigo de ojos muy redondos, como los de un besugo, y de nombre Alessandro. Alessandro se ganó pronto entre las chicas el apodo de «pez martillo».

Imaginémonos un mundo feliz en el que en la interacción sexual no existieran obligaciones. Si tuviera que escribir el acta constituyente de sus estatutos, probablemente empezaría con estos artículos:

1. Ningún varón está obligado a hacer que el coito dure más de cinco minutos.
2. Ninguna hembra está obligada a aguantar a ningún varón que haga que el coito dure más de cinco minutos.

Y como no hay dos sin tres:

3. Ninguno de los participantes estará obligado a cumplir los puntos 1 y 2 y ninguno de ellos está tampoco obligado a saber lo que significa el término «coito».

Preocuparse por la duración del coito genera dos cosas: preocupación y coito. Ninguna de las dos es necesaria para desarrollarnos como seres sexuados. Normalmente, prolongar el coito es, para el varón, acortar su capacidad para disfrutar del sexo. Para la mujer, normalmente es prolongar su capacidad para distraerse.

«Cuando uno teme sufrir, ya está sufriendo», dice el proverbio chino. En los hombres, la obligación, casi moral, de prolongar el coito genera una ansiedad que, con demasiada frecuencia, desemboca en las disfunciones sexuales más comunes: impotencia, eyaculación retardada y especialmente el antónimo de lo que se pretende con esta servidum-bre: la eyaculación precoz.

En la puerta de mi casa levantaron hace poco la acera para pasar no sé qué canalización. A las ocho de la mañana se ponía en marcha el martillo pilón y a las ocho de la tarde se paraba. Durante todos y cada uno de los días que duraron las obras, no pude dejar de pensar en Alessandro.

El tiempo mínimo que contrataba era de dos horas (más de una vez, Giovanni y yo teníamos que esperar en el vestí-bulo de un hotel a que acabara o viendo en la tele, desde la cama, alguna reposición de películas de cine negro).

Clara, una chica por la que Alessandro sentía especial inclinación, llevaba en el bolso, cada vez que lo visitaba, una botellita de 250 ml de aceite de oliva virgen. Nada mejor que el aceite de oliva para intentar calmar la irritación que «un persistente» provoca en la vagina, me explicó un día. Alessandro, mientras, creía que era el mejor amante que hubiera dado Italia desde tiempos de Giacomo Casanova... si no desde antes.

Existe la creencia de que cuando algo, por ejemplo una obra de arte, ha tardado mucho tiempo en construirse, su valor es mayor. En el tiempo en que Mozart componía una sinfo-nía, Schumann escribía un acorde, en el tiempo en que Anto-ni Tàpies pinta un cuadro, Antonio López desenrosca el tapón de un tubo de óleo y mientras Basho componía un *haiku* de corrido, Dante tardó alrededor de quince años en escribir *La Divina Comedia*. Ello no implica que el valor de la Sinfonía Renana sea necesariamente superior a la 40 de Mozart, que tenga más valor la *Gran Vía* de Antonio López que *Núvol i cadira* o que se disfrute más *La Divina Comedia* que *El viejo estanque*. Confundir tiempo con calidad es como confundir valor con precio.

El buen amante, como el buen artista, no entiende de tiempos de ejecución, entiende de ejecución. No entiende de minutos, entiende de duración.

Por aquel entonces, por aquellos tiempos en los que Alessandro hacía de las suyas y Giovanni empezaba a ser, para mí, Giovanni, frecuentaba el burdel un tipo charlatán, de espaldas estrechas y de profesión abogado. Su práctica favorita era meterla durante cincuenta y nueve minutos y correrse cuando la alarma de su reloj, que siempre ponía en marcha por si le escaqueábamos algún minuto, indicaba que había pasado una hora. Las chicas le temían como al café frío y yo estaba particularmente harta de ese «metomentodo», de sus paraditas y de sus instrucciones, de su *reprise* y de sus frenazos en seco. Aquella mañana, en la que yo esperaba que un italiano volviera a llamar para encontrarse conmigo, me tocó a mí atenderle.

La vagina, lo he dicho alguna vez ya, tiene, aproximadamente, la misma sensibilidad que el recto. Eso no quiere decir que no tenga; durante el sexo todo nuestro cuerpo es una terminación nerviosa y cualquier parte de él es susceptible de producir un orgasmo (hasta la vagina). Coito largo para los amantes a quienes les guste el coito largo, como les pasa a los americanos con el café, coito sin tiempo para los que quieran un coito y no un reto, y coito como una alternativa erótica más para los que quieran interactuar sexualmente.

Aguanté a que su excitación le hiciera detenerse por primera vez. En verdad, no fue mucho.

—Espera, espera, espera...

Entonces, lancé un alarido como si todos los orgasmos del mundo acudieran a mi encuentro. Contraje repetida y fuertemente los músculos de la vagina simulando las contracciones orgásmicas. Y se corrió.

No volvió a ofrecerme empleo como secretaria suya y no volvió a negociar conmigo el precio del servicio, porque no volvió a contratarlo. Y yo me quité a un abogado, estrecho de hombros, cretino y martilleante, de encima.

No hay mejor manera de disfrutar del tiempo que despreocupándose de él. Y no hay mejor manera de ser un buen amante que despreocupándose de serlo... y siéndolo.

El tantra sirve para aprender a follar durante horas

Dostat se autem na letiště je velice snadné, protože letiště leží vedle dálnice D1 Brno-Olomouc ještě na území města Brna. Na 201 km od Prahy je sjezd na Slatinu a odbočka na letiště je viditelně označena. Od dálničního sjezdu je letiště vzdáleno 2 km.

Naturalmente, me perdí.

Sólo somos capaces de nombrar los conceptos que entendemos, los que somos capaces de concebir. Algo ininteligible para nosotros no tiene palabra porque, para nosotros, no tiene significado.

El término sánscrito *tantra* podría traducirse a nuestro idioma por «extender» o «conectar», aunque también por «continuidad», pero también por «urdimbre» o «trama» o «tejido» y, por derivación, también, como «tratado», «enseñanza». Demasiados términos de traducción, demasiadas aproximaciones y demasiado dispares entre ellas para nombrar algo que un hindú, capaz de concebirlo, llama *tantra*.

Simón era argentino. Me inscribí en el centro de yoga que él dirigía porque se encontraba cerca del burdel. En su tarjeta, que me dio al presentarse, figuraba el título de maestro de tantra, además de extraños dibujitos y una florida sentencia.

Tras la primera clase, con muchas más palabras de autoayuda y de comunión fraternal que yoga, se despidió de mí mandándome un «beso de luz». Noté, al salir, su mirada clavada en mi trasero.

El tantrismo es una de las tres grandes orientaciones religiosas del hinduismo, aunque también participa de las enseñanzas del tantra el budismo, en su vertiente Vajrayana, la que se conoce como «budismo tibetano» o «lamaísmo».

En el hinduismo tántrico, se rinde culto y estudio a *sakti*, la energía genésica y generadora que se deriva de la unificación del opuesto de los géneros. Su práctica es ascética, de una enorme disciplina física y corporal, en la que las enseñanzas ritualizadas se ilustran con enigmáticos diagramas del conocimiento llamados *yantras* y se consolida con la ejercitación exigente de actividades físicas como el *kundalini yoga*. La búsqueda de una revelación de lo absoluto, que trascienda el dualismo a través de un elevado orden contemplativo, es el objetivo de un *sakta*, de un conocedor de *sakti*.

En el budismo tibetano, las enseñanzas del tantrismo cobran el mismo sentido aunque perseveran más en los aspectos conceptuales de la instrucción que en los de disciplina física.

En ambas orientaciones, búdica e hinduista, se aprende a gestionar el deseo, bien sea para canalizarlo y utilizarlo como una mística reveladora, bien sea para evitar las dependencias de él.

Tanto el tantrismo hinduista como las enseñanzas tántricas en el budismo tibetano son escuelas esotéricas. Es decir, las enseñanzas son secretas y sólo se transmiten a iniciados a través de la instrucción de un *gurú* o maestro. No es como el cristianismo u otras religiones exotéricas que hacen del proselitismo y de la propaganda evangelizadora su fuerza. Son doctrinas «reveladas» y nadie, salvo un iniciado, puede saber nada de ellas.

El segundo día, mucha música de sitar, mucho incienso, mucho *mantra* cogidos de la mano y mucho tejido naranja. De *kundalini yoga* siguió habiendo muy poco.

Fue durante la ejecución de una *asana* cuando tuve claras algunas intenciones de Simón. Sujetó con su mano derecha mis glúteos mientras la izquierda la apoyaba en mi pecho... «es para abrir el tercer *chakra*», me dijo. Aquí, de tejas para abajo, lo llamamos «meter mano», pensé.

Al despedirme, me contó que estaba en plena fase de expansión de su negocio de centros de sexualidad tántrica por todo el territorio español y que alguien como yo, atractiva y lista, podía serle de mucha utilidad.

Pretender los resultados sexuales que se le supone a un iniciado en el tantrismo, sin haber tenido acceso a sus esotéricos procesos formativos, es como intuir que se puede operar una válvula aórtica sin preocuparse de haber pasado por la Facultad de medicina. Y apoyarse un cuchillo en el pecho.

Obtener o pretender obtener el objetivo sin el conocimiento que da el esfuerzo para conseguirlos es peligroso. Es como los niños que se hacen o nacen ricos sin saber lo que es el dinero o las armas automáticas en manos de quien no sabe lo que es una vida. Decía el físico Stephen Hawking, cuando se le preguntaba por lo que más temía, ahora que los avances científicos nos podían convertir en el primo de Dios, «que nuestro poder crece mucho más rápido que nuestra sabiduría». A veces no resulta peligroso, sino simplemente ridículo. En nuestra cultura del eslogan comercial, de esa filosofía sapiencial que es el tantra, nos han silbado las proezas amatorias y los logros de retención eyaculatoria; el espectáculo en definitiva, como a los grandes centros comerciales llega la primavera o la China. Pero exponer latas de comida china no es la China, y comerse un pato laqueado no es entenderla, entre otras cosas, porque la China sólo la entienden los chinos.

«Hacerse la picha un lío» es una expresión que podría muy bien haberse acuñado para la mayoría de los que hablan y practican, aquí en el Oeste, el tantra.

Abandoné el centro y al maestro tántrico cuando finalizó la tercera clase para inscribirme en otro un poco más lejano, pero en el que sigo desde hace tres años. Como tengo tendencia a explicar la razones de mi partida antes de irme, le dije al *gurú*, en español clarito, no fuera a ser que el sánscrito se me resistiera, que me parecía que lo único que le interesaba era hacer pasta y echarme un polvo, y que si para lo primero se podía valer solo, para lo segundo era yo quien sacaba la pasta.

Todos, quizá, podríamos aprender un día checo y saber llegar al aeropuerto de Brno sin perdernos. Algunos, también, con más esfuerzo quizá, alcanzarían un día la ciudadanía checa. Pero muy difícilmente podrá, ninguno, «ser» checo. Aquí, en el Occidente judeocristiano de fe y grecolatino de razón, es decir, en nosotros, el tantra hay que entenderlo como un espectáculo exótico en el que los bienintencionados pueden llegar a ser estudiosos y las «teletiendas» pueden llegar a sacarle rendimiento comercial. Porque para «ser» algo, hace falta, además de entender e interpretar, una cultura y un contexto. Y para nosotros, la cultura y el contexto donde tiene sentido y entendimiento el tantrismo son tan extraños como para un perro las clases de cetrería.

Él, sonriente, me dijo que yo no había entendido la esencia de su mensaje. Durante los siguientes tres meses siguieron pasando recibos a mi cuenta bancaria. Yo creo que sí había entendido la esencia de Simón.

Cuentan que Antonin Artaud asistió un día a una función de teatro balinés. Se cuenta que, tras el espectáculo y no entender que se trataba de una representación, pues él creyó que los actores estaban poseídos por un verdadero arrebato visionario, creó el «teatro de la crueldad». Su propuesta teatral ha sido fundamental para que se desarrollase una vanguardia teatral en nuestra cultura.

Probablemente, de creer haber entendido algo, aunque en realidad no hayamos pillado ni la copla, podamos en Occidente generar algo interesante que haga que nuestras relaciones amatorias mejoren en concepto y práctica. Una especie de *dalealtrantran* o de *sexo tóntico* que, como a nosotros nos interesa, resulte útil y operativo.

Como decía el sabio indio en el *Tantraraja Tantra*:

Na kadacit pivet siddho devyarghyam aniveditam
Pananca tavat kurvita yavata syan manolayah
Tatah karoti cet sadayah pataki bhavati dhruvam
Devtagurusevanyat pivannasavam ashaya
Pataki rajadandyash cavidyopasaka eva ca.

Naturalmente.

Todos podemos ser multiorgásmicos

Sonya Thomas el 1 de febrero de 2006 se comió veintiséis sándwiches de queso en diez minutos. Ganó con ello el prestigioso Campeonato Mundial de Comedores de Sándwich de Queso. Al finalizar la competición se mostró decepcionada: «Podía haberlo hecho mucho mejor», declaró.

Noticia

Recuerdo mejor los gritos de mi madre que el motivo de los gritos. Yo debía de tener apenas cinco años y un osito de peluche, de color osito de peluche, tres dedos más grande que yo. No sabría explicar muy bien por qué me frotaba contra él, aunque intuyo que mi madre sí debía de tener una idea mucho más clara que yo. Al menos su cara de pánico reflejaba una enorme seguridad.

Un tiempo después seguía sin saber qué ocasionaba los gritos de mi madre, pero aprendí a ocultarme cada vez que buscaba el cariño de mi amigo de trapo. Entonces, la naturalidad se convirtió en intención y la satisfacción en ocultación, aunque la inquietud no estaba en mí, sino en el ojo de mi madre. Con toda su buena intención.

Aprendí, cuando ya era yo la que le sacaba tres cuartas al osito, que no era la única niña que se sentía bien muy cerca de su *nounours*, ni la única que desvestía a mis muñecas más con la intención de ver que con la de cambiarlas. Podría incluso decirse que yo no resultaba nada original en mi actitud. Aunque quizá, para cuando supe esto, y con vistas a evitar la culpa, ya era un poco tarde.

El orgasmo tiene algo de partida, de experiencia inefable y de expresión muda.

Bataille lo llamaba *la petite mort* («la pequeña muerte») posiblemente porque, si bien una se va, tiene ocasión de regresar. Es de las cosas más inequívocas de sentir, pero más endiabladamente difíciles de definir. Es pura acción, puro gerundio, sin circunloquios ni argumentaciones. Su experiencia misma oscurece todos los discursos sobre él. De nada vale, tampoco, una exposición clara de la sintomatología que lo acompaña, porque su realidad es mucho más amplia que la suma de los síntomas que produce. De nada valen tampoco las valoraciones en torno a él, porque cuando él llega se las lleva a todas. Y no hay ciencia que lo aborde, a no ser la mística.

El orgasmo es el «gran comedor» de palabras. Sólo permite el gemido, el aullido, la expresión infrahumana, pero no la palabra. Lo que queda de humano en nosotros, en presencia suya, es sólo la necesidad de expresar, pero no el lenguaje, ni el pensamiento. No hay tampoco risas durante su presencia, «antes» posiblemente, «después», tal vez, pero «durante» nunca. Ni risas, ni palabras, sólo él.

Tuve que superar con claridad la veintena para sentir mi primer orgasmo. Lo alcancé sola. Una de aquellas noches en las que deseaba más pensar en mi ocasional amante que en estrecharlo.

La maquinaria sexual femenina es de una enorme complejidad; olvidada, moralmente castigada en su uso y enormemente misteriosa. Una misma debe aprender a tratarla y debe aprender a perder el miedo a tratarla. La marea de falsas creencias, de supersticiones, de miedos acumulados, de doctas ignorancias ocultan el verdadero hecho: tener un orgasmo es haber aprendido a tenerlo. Y todo conocimiento requiere valentía para trascender, talento para medir y tiempo para crecer.

En el aula vacía de Derecho Internacional se dio mi primerizo orgasmo en compañía, con mi mano dirigiendo la suya. El peluche de aquellos días se llamaba Thierry. Fue un orgasmo «en construcción». Apareció, de eso no tengo dudas, y en cierta medida amplificó las sensaciones placenteras que decenas de amantes antes que él me habían propiciado.

Otra tarea compleja es intentar definir el sexo sin asociarlo al orgasmo. Y sin embargo así debería hacerse. Creer que el sexo es «aquello que tiende o procura el orgasmo» es limitar extraordinariamente el sentido del sexo y darle una finalidad concreta. Es intentar hacerle un traje de novia al viento. El sexo sólo tiene límites para quien se los pone y finalidad para el que se la impone.

Llegué con el tiempo justo de cambiarme para recibirlo. Tenía poco pelo. De mediana estatura, debía de rondar la cincuentena y, aunque de extremidades delgadas, su vientre era prominente y redondo. Por su aspecto deduje que posiblemente se dedicaría a la abogacía. Yo ya había cumplido los treinta.

La respuesta sexual humana, en términos estrictamente operativos, se inicia con el deseo. A él le sigue la excitación que precede a la meseta, tras ésta se alcanza el orgasmo y finaliza la interacción con el periodo refractario. Este último «segmento» varía entre los hombres y mujeres. En los primeros, si el orgasmo ha ido acompañado de eyaculación, el periodo refractario se convierte más en una fase de resolución que da lugar a una «incapacidad» física transitoria por poder continuar. Tras un periodo de tiempo de reposo que oscila en función de varios factores, nada impide que vuelva a poder retomarse el proceso de deseo, excitación y meseta hasta alcanzar otro orgasmo. Si en los varones se sabe distinguir las contracciones prostáticas que anteceden a la eyaculación y se identifica el orgasmo con ellas, la fase de resolución no sucede y se pueden encadenar varias «secuencias» de espasmos prostáticos en un mismo encuentro sin perder la excitación. En las mujeres, el periodo refractario es menos concluyente y tiene una pendiente más suave, de forma que es relativamente sencillo que la excitación lo «desactive» sin tener que realizar un periodo de reposo.

A esta posibilidad de alcanzar un orgasmo tras de otro en una misma relación, vía minimización del periodo refractario, alguien dio en llamarla «multiorgasmia». La «orgasmia secuencial», un neologismo, que yo sepa, que propongo y que creo que es un término más adecuado porque evita la simultaneidad que puede conllevar el prefijo «multi», es un concepto que se ha introducido en nuestro «discurso normativo del sexo» recientemente.

En la habitación del jacuzzi y las cortinas rojas, no me resultó muy difícil que alcanzara pronto el orgasmo. Sin embargo, él había pagado dos horas y, además, era de aquel tipo de cliente, digamos, «complaciente». Así que sugirió que ahora debía ser yo quien lo alcanzara. Y acepté la sugerencia.

En mi caso no me había resultado demasiado difícil alcanzar el orgasmo en otras relaciones mantenidas con clientes. No siempre era así, pero a poco que el eretismo asomara la cabeza, no tendía nunca a despreciarlo.

Me coloqué sentada encima de su cara, y él empezó a lamer. El orgasmo que apareció, sorprendentemente a los pocos minutos, fue un orgasmo de plena madurez. Su nivel de gratificación fue tan elevado que hizo que la excitación superara ampliamente el modesto periodo refractario. Con lo que después del primero vino el segundo. Y tras éste, otro. Era la primera vez en mi vida que enlazaba varios orgasmos en una misma relación.

Para que eso sucediera, tuve que haber cumplido tres décadas, tuve que topar con una persona que por su físico y sus habilidades me dejara totalmente indiferente, es decir, completa y exclusivamente preocupada de mí y de mi placer, y tuve, eso también hay que decirlo, que haberme metido, unos meses antes, a puta.

En una sociedad que se rige por los niveles de producción, que sigue condenando la sexualidad no productiva (la que no genera y engendra: onanismo, homosexualidad, voyeurismo, fetichismo...), nadie puede rechazar los altos niveles de rentabilidad que procura la multiorgasmia. Quizá por eso la llamada multiorgasmia es uno de los grandes temas de la divulgación del discurso normativo. Las agencias de prensa de la sexualidad *comme il faut* y del «goce usted produciendo como ninguno» se encargan de divulgar a los cuatro vientos el superorgasmo o la secuencia infinita, sin dejar por ello un instante que nos olvidemos del «cómo» coital, sin dejar siquiera que nos preguntemos por otro «cómo» que no sea ése. Mientras, la señora, que bastante tiene en su casa con lo suyo, con su modesto orgasmo un sábado de cada tres si el mes es propicio, padece por no llegar a alcanzar estos excelsos niveles de rendimiento.

Decía Epicuro: «Nada es suficiente para el que lo suficiente es poco». Uno no sabrá a nada si pueden ser dos, y el tercero se quedará pobre si no se alcanza el cuarto. Ésa es la esclavitud de la generación en cadena, del «consiga usted todo lo que quiera» con el que suelen acabar los cuentos en nuestra sociedad postindustrial.

Es muy posible que todos, como seres humanos, podamos comernos dos bocadillos de queso en diez minutos, o quince o hasta veintiséis, pero ¿por qué? y ¿para qué?

Debo confesar que tanto hablar del orgasmo me ha abierto el apetito.

El orgasmo simultáneo
es lo más

En un día de mucho calor, un león y un jabalí llegaron a la vez para beber en un arroyo. Discutieron amargamente para otorgarse el derecho a beber primero, hasta el punto de retarse a muerte. Cuando el feroz combate era inminente, se acercaron hasta ellos un grupo de buitres y cuervos.

El jabalí entonces propuso:

«Mejor que bebas tú primero y seamos amigos que espectáculo y alimento para otros».

Traducción libre de la fábula de
El león y el jabalí, de Esopo

Eric había perdido el vuelo. Habíamos pasado la noche intentando uno de sus descubrimientos eróticos más recientes relacionado con la simultaneidad. Sin más éxito, por cierto, que el que le quise hacer creer.

Una de las ventajas de que tu padre sea el propietario de la empresa es que, a veces, puedes perder el vuelo sin que vuele con él tu empleo. Desde la oficina le reorganizaron las visitas para el día siguiente, aunque mantuvieron su agenda de trabajo de cuatro días en París. A Eric, más como una humillación que como un premio, le dieron el día libre. Yo no lo supe hasta que llamó al portal.

A Fernando lo conocí la noche anterior, cuando con unas amigas tomaba unas copas en un local chic de la posmodernidad madrileña. Era uno de esos aspirantes a trovadores, con un aire muy estudiado de malditismo y con más encanto que oficio. Intimamos, de esa manera de la que sólo se puede intimar en los dos metros cuadrados del lavabo del local. Como el encuentro había sido muy «estrecho», le propuse repetir al día siguiente, a las once de la noche en mi piso, bueno, en el piso de Eric, bueno, en el piso del papá de Eric.

Entre las muchas cosas que intercambiamos apoyados entre la puerta cerrada y el pomo de la cisterna, no figuraron ni el teléfono ni mi situación de vida en pareja. Yo debía partir la semana siguiente a Sudamérica para una estancia que se alargaría tres meses. Ultimaba, desde casa, los preparativos del viaje.

A las once de la mañana sonó el interfono y un Eric cabizbajo me pidió que le abriera. Sorprendida por que no estuviera en el vuelo a París, pero sólo ligeramente contrariada, le abrí, desde el piso, el portal. Justo después de apretar el pulsador y antes de que yo colgara el auricular, oí como alguien se dirigía a él pidiéndole que no cerrara la puerta. Me pareció reconocer la voz de Fernando.

Parece ser que el término «coito» ya lleva implícito, en su etimología, el ir a algún sitio y en compañía. En latín, al coito se le daba el nombre de *coitus*, de donde deriva el término actual. *Coitus* se formaba del prefijo *co* (que implica unidad y conjunción) y de *itus* que sería el participio pasado del verbo *ire* (marchar, partir). *Idos conjuntamente*, podría ser una definición etimológica bastante ajustada del significado de «coito».

«Simultáneo» procede del término latino *simul*, que significa «juntamente», «a una». Probablemente, si para los romanos la simultaneidad de acciones y reflejos, en lugar de la compañía, hubiera sido una característica definitoria del sexo, hubieran llamado al coito algo así como *simulitus* («idos a una») y denominaríamos, por ejemplo, «simulateo» al hecho de copular teniendo que alcanzar el orgasmo de manera sincrónica. Discúlpenme los filólogos esta pura ficción etimológica.

Siempre tuve, desde que viví en aquel piso, dificultades para accionar los mecanismos eléctricos que abrían las ventanas. Quizá fue eso lo que me impidió el intentar salir por alguna de ellas, cuando desde la mirilla pude ver como Fernando y Eric salían juntos del ascensor y se dirigían hacia mi puerta. Quizá fue entonces cuando empecé a detestar, creo que a Einstein le pasaba algo similar aunque por motivos distintos, la simultaneidad y el sincronismo.

«Me voy a correr» es mi recurrente. Pero hay muchas otras: «me vengo», «ya llego», «me voy»... Todas ellas para anunciar lo mismo; la inminencia de la partida, el fin de las palabras y la omnipresencia del orgasmo.

Los humanos somos entidades parlanchinas. Pero, por mi experiencia, parece que las mujeres anticipamos verbalmente más este acontecimiento que los hombres, posiblemente, y no quiero ser mala, como anuncio de la representación que va a tener lugar. Mucha historia y mucha vida de cada una de nosotras se ha apoyado y se apoya en la gran «función»: la puesta en escena de la obra *El orgasmo fingido para soprano y continuo,* en la que hay que sacar a pista los caballos, la mujer barbuda, el tragasables, el vidente de la venda y hasta el mono titiritero.

También es posible que los humanos, frente a este traslado fugaz al mundo de nunca jamás, busquemos compañía. Aunque, exceptuando la muerte, no puede haber experiencia más solitaria, individual e incompartible que el orgasmo.

Es por eso por lo que la búsqueda de la simultaneidad de orgasmos me recuerda más a lo que algunos llaman una *extravaganza* que a un logro para el bagaje sexual de cada uno. Además, si sincronizar el orgasmo de uno mismo es sencillo y el de dos puede ser una tarea complicada, organizar la simultaneidad de tres, cuatro o de n+1 participantes, debe de resultar verdaderamente milagroso.

Conviene aclarar también que la simultaneidad de dos experiencias personales no supone en ningún caso la suma de éstas. Si dos luces se encienden, vemos más, pero si un barco se hunde, hay más muertos y más dolientes pero no más muerte. Es por ello por lo que tiendo a ver en el tipo de proclamas como «el orgasmo simultáneo es lo más» una voluntad intencionada de seguir imponiendo una sexualidad basada exclusivamente en el binomio pareja, que está muy bien siempre que estemos ofreciendo una posibilidad a la voluntad de los participantes y no definiendo lo que es el sexo o creándole un marco de buenas costumbres.

Antes de que Eric se volviera para preguntarle a Fernando lo que quería, yo ya había abierto la puerta.

Le di un beso a Eric y a Fernando le estreché la mano prometiéndole que yo entregaría la documentación personalmente al director de la agencia porque todavía no estaba preparada. Su cara parecía dos signos de interrogación con un círculo en medio.

—Perdonad, no os he presentado, Eric, mi novio, Fernando, el correo de la agencia.

Volví a fingir, pero Fernando fingió peor que yo.

El sexo es un mal animal de carga. Mientras más obligaciones, sugerencias, objetivos y consejos se le imponen, más se encabrita. En el sexo, como en las prácticas meditativas, la mirada tiene que estar dirigida hacia lo que se es y no hacia el cómo se debe ser, porque eso sólo se aprende siendo. La búsqueda del orgasmo simultáneo, cuando, más allá de una curiosidad o una casualidad, deviene un imperativo del manual de los amantes perfectos, es uno más de esos fardos que la grupa del sexo suele sacudirse en cuanto que se lo cargan encima.

Mi viaje era inaplazable. Yo, al contrario que Eric, no podía perder ningún avión. Tuve que alojarme en casa de una amiga hasta mi partida, sabiendo que a la vuelta debería, antes de deshacer las maletas, buscar un nuevo piso donde vivir.

Supe que Eric y Fernando se hicieron amigos, aunque no volví a ver a ninguno de los dos. No sé lo que se contarían, aunque posiblemente pasarían las horas hablando del interés de uno por sincronizar el orgasmo y del otro por no sincronizar el reloj.

Existe el punto G

> (...) *A veces la cabeza es de león, el cuerpo de cabra y la cola es de serpiente; a veces tenemos en cambio un solo cuerpo, de león o de cabra, y tres cabezas, de león, cabra y serpiente; a veces, finalmente, tiene las tres cabezas de los animales pegadas a partes distintas de un solo cuerpo, generalmente de león* (...)
>
> La Quimera
> *Diccionario ilustrado de los monstruos*
> Massimo Izzi

Mi madre solía recortar los puntos que daban con el paquete de detergente de lavadoras. Dos por paquete. Cuando se habían conseguido treinta, había que meterlos en un sobre, franquearlo y enviarlo a la dirección del fabricante. Al cabo de un mes, recibíamos en casa, a portes debidos, un tazón para el café con leche decorado con calcomanías de animales. Todavía los conserva en la alacena.

La vagina cada vez tiene más puntos. Desde que se descubrió oficialmente que era insensible, con tan pocas terminaciones nerviosas que es posible hacer un raspado del cuello del útero sin apenas anestesia, empezaron a aparecer por todas partes de su geografía. Les pusieron iniciales: «F», «A», «K», «G»..., que siempre son más serias y científicas que las descripciones.

Que nadie se inquiete, que si se acaban las letras, podemos hacer como con las matrículas y poner números, y que nadie se altere tampoco por lo limitado en tamaño de la vagina; en doce elásticos centímetros caben muchas cosas, y si son puntos, más todavía.

El inconveniente de los superlativos es que no se pueden matizar. No podemos decir, por ejemplo, «muy buenísimo» o «extraordinariamente máximo». Sin embargo, estos puntos, en sus anuncios, prometen conseguir magnificar un superlativo: el orgasmo. De paso, prometen también redimirnos, a todas las que seguimos estimulándonos el clítoris, de nuestra ignorancia y de nuestra mediocre capacidad de goce.

Mientras, algunas chiquillas siguen preguntando si el preservativo hay que ingerirlo plegado o desplegado, si se pueden quedar embarazadas con una felación o si la píldora se introduce en la vagina, y algunos, no tan chiquillos, se devanan los sesos pensando si un pene de doce centímetros es normal o si tres veces a la semana es poco.

Mientras, la ciencia sigue sin saber si... bueno, sigue sin saber. Y entretanto, el coito, el rey de las prácticas eróticas del «discurso normativo del sexo», sonríe.

De lo que no se duda, ni chiquillas ni adultillos, es de que metiéndola a fondo, la mujer alcanza indefectiblemente lo que llamaban, no hace mucho, el «paroxismo histérico» (el «orgasmo» para los que somos de aquí). Histérica, con tanto meter y sacar, sí puede acabar una, eso es cierto, pero a la más pura histeria está condenada una si topa con uno de esos «hurgadores vaginales», con «los exploradores de grutas», cada vez más frecuentes por leer lo que no deben, que creen que la vagina es una nevera llena en tiempos de Cuaresma.

Fue al acabar la cena cuando me lo propuso:

—Miguel no consigue encontrarme el punto G, no sé... a lo mejor te parezco muy descarada, pero... a lo mejor... si tú y yo...

Conociéndola un poco como la conocía, la oferta no me sorprendió demasiado.

De Tatiana resultaba especialmente atractiva su ingenuidad. Momentos antes, en el sorbete de melón, nos había escenificado con todo detalle cómo alcanzó el orgasmo cuando su marido la había poseído rabiosamente durante un crucero por el Nilo. Sus gritos y gemidos aceleraron la llegada de la cuenta.

No dije ni que sí ni que no, estaba valorando si me interesaba aprovechar que el Ebro pasaba por Tortosa, pero ella prosiguió:

—No te preocupes por Miguel, se lo he contado y ¡le parece perfecto!

No era en mí, sino en Miguel, en quien estaba pensando.

El punto G sirve, por lo menos, para diferenciar dos tipos de mujeres: las que manifiestan que lo tienen y loan sus virtudes y las que niegan o prescinden de su existencia y dudan de sus cualidades en caso de que las hubiera. Ambas posiciones, creyentes versus agnósticas y ateas, se enfrentan en una lucha despiadada en la que las susceptibilidades se enconan y el rango de feminidad parece estar en juego. Los hombres, por lo general, parecen tenerlo mucho más claro: la inmensa mayoría de las parientas se corren, como gacelas perseguidas por leones en la sabana, a poco que las penetren. En cualquier caso, el tema es muy sensible (posiblemente tanto o más que el traído y llevado punto de Grafenberg).

Personalmente, yo, como se puede deducir, me englobaría en el grupo de las agnósticas. Nunca he experimentado un orgasmo derivado exclusivamente de la estimulación vaginal. Cuando estimulo, o me estimulan, la zona rugosa que se corresponde, según los mapas, con el punto G, ni siento ni dejo de sentir, quizá porque no olvido que se está estimulando la raíz interna del clítoris y presionando la uretra. Y ya se sabe, nada peor para escribir relatos sobre el rayo que saber lo que es el rayo...

Por lo tanto, yo diría que el punto G ni existe ni no existe, sino todo lo contrario. Creo que las mujeres que experimentan orgasmos a través de esta zona de la vagina son verídicas en sus afirmaciones (experimentan lo que cuentan), pero opino que las que lo niegan son veraces en las suyas (es verdad lo que cuentan).

Cada mujer es, en cualquier caso, un universo y cada deseo individual opera con mecanismos de una infinita complejidad que se activan a poco que el deseante crea que se deben activar con una cosa o la otra. Pero, y en eso insisto, para lo que sin duda sirve el punto G, y todos los demás, es para perpetuar el modelo de una sexualidad de vocación reproductiva y de práctica copulativa. De todas formas, creo que el problema, la pregunta y la respuesta al «teorema de los puntos» no pasa por resolver su existencia. Que exista o no es, quizá, lo de menos. El tema de fondo es otro.

Cuando, en la cama, de rodillas frente a ella, deslicé sus braguitas por sus largas piernas, pude ver su hermoso pubis cubierto por una fina capa de vello rubio. Tatiana me había lamido rítmicamente, dibujando sobre mi vulva, con su lengua, todo un abecedario. Su boca iba y venía sobre mi clítoris, como si hubiera olvidado algo que repentinamente recordaba. Mientras, sus dedos me acariciaban, a saltitos, el vientre, el interior de los muslos, el pecho y su larga melena cosquilleaba mis caderas. Noté que ya no me oía a mí misma, intenté retenerme un segundo más, pero una corriente punzante en el sacro inició mis espasmos.

Ligeramente incorporada y situada a su lado derecho,

empecé a besar la línea que va de su vientre hasta su mentón. Con mi mano izquierda masajeaba su cabeza y con la derecha me centré en sus genitales. Levanté con la punta del pulgar, presionando ligeramente, el capuchón de su clítoris, mientras rozaba lo que quedaba al descubierto con la parte media de mi dedo. Al mismo tiempo, introduje mi dedo corazón hasta la mitad en su vagina para alcanzar el inicio del hueso pélvico. Mantuve un tiempo los movimientos sincronizados de mi pulgar y del corazón. Su respiración se agitó, sus gemidos se incrementaron y con un grito exclamó: «¡Me corro...! ». Noté las convulsiones comprimiendo mi dedo, y mi mano y mi antebrazo se vieron empapados por un líquido caliente. Las dos nos sorprendimos. Ella se incorporó rápidamente y observando la situación y la humedad de las sábanas, me dijo, con la misma candidez en su rostro con la que me propuso el encuentro:

—Lo siento... me he hecho pipí...

Y era verdad.

Lo verdaderamente significativo de las dudas que genera el punto G y sus aledaños resulta del preguntarse por qué, en puertas de clonar a un humano, no sabemos cómo funciona la maquinaria sexual femenina. La segunda duda de fondo surge al preguntarse a quién le interesa que la cosa siga siendo así.

Que el punto G o la eyaculación femenina sean como el Santo Grial o como una Quimera sólo demuestra el pánico atroz que le sigue despertando la sexualidad femenina al «discurso normativo del sexo». Decía Víctor Hugo que existen dos maneras de ignorar las cosas: la primera es ignorándolas y la segunda es creyendo que las sabemos mientras las ignoramos.

No sabemos nada y no nos dejan saber nada de eso, de la sexualidad femenina, que para algunos sigue siendo un animal ávido con vida propia que devora y humea a todo el que se le acerca. Si algo aparece de cierto, lo inundan de fantasías y leyendas de unicornios alados, de esquemas cifrados para pianistas o espeleólogos y de puntos y secuencias.

Muchos puntos para alguien como yo, que prefiere el café a las tazas.

Las bolas chinas sirven para dar placer

Ella extrajo con cuidado de la caja sus bolas chinas. La presentadora le preguntó con aire pícaro:
—¿Y eso para qué sirve, Susana?
Susana era stripper *y titulada por la vida en «gimnasia vaginal».*
—Esto es para introducirlo en la vagina —respondió.
Intervine:
—Sirve para fortalecer los músculos del suelo pélvico.
—Eso... —apuntó Susana.
La presentadora alargó la mano y las sostuvo a media distancia, observándolas como se observa el cadáver de un pichón recién muerto.
—Pesan mucho, ¿no?
—Bueno, es que éstas son de acero, porque Susana tiene unos músculos de la vagina muy entrenados —maticé.
—Sí, estas son las mías... —aseveró ella.
Cara de alarma en la presentadora:
—Pero ¿las habrás lavado? —exclamó aterrada.

En un plató de televisión
Un viernes por la noche

Los chinos las llaman *Ben Wa*, pero en un «todo a cien» o en los establecimientos de juguetes eróticos es mejor pedirlas como «bolas chinas» (si no, corremos el riesgo de que nos den algún cepillo para la ropa con mango ergonómico). Su invención parece antiquísima y su origen es, naturalmente, chino. Confeccionadas originariamente en jade, marfil o hueso, algunas contenían mercurio en su interior para facilitar el movimiento. Su función residía en fortalecer los músculos del suelo pélvico y tener un mayor control sobre las paredes de la vagina con vistas a procurar un orgasmo rápido en los varones (normalmente clientes de burdel o soldados en campaña).

Que Hassan era aficionado a meterme botellines de coca cola de 25 cl por la vagina es algo que quizá algunos ya conozcan. Les daba la vuelta, introducirlas de frente puede provocar el vacío, y las metía lentamente, recreándose en la suerte. Para Hassan eran los botellines, para Piero, los plátanos pelados (que luego se comía), Andrés tenía preferencia por los pepinos (que también yo le hacía pelar, no sólo porque la piel del pepino puede ser incómodamente rugosa, sino porque la pulpa del pepino contiene sustancias astringentes y antisépticas), el piadoso de Roberto (un antiguo cliente), velas blancas de unos 5 cm de diámetro que compraba en una cerería del barrio gótico de Barcelona, a Luz le perdían los consoladores (variadísimos, cuanto de más tamaño y más «veristas», mejor), a Carlos (otro cliente, este de la línea fetichista) era un collar de perlas de su difunta madre, y a muchos, a muchos otros, los dedos. No hablo de los que buscan directamente meter el pene.

Es curiosa la de cosas que se pueden meter o sacar de una vagina, pero es mucho más curioso el motivo por el que se introducen.

El suelo pélvico lo conforman una serie de músculos que suelen operar de manera sincronizada, es por ello por lo que también se habla de ellos como si de uno solo se tratase, denominándolos el «pubococcígeo». Extendiéndose desde la parte anterior de la pelvis hasta el sacro (el hueso «cóccix»), retiene y evita la caída de órganos como la vagina, el útero o la vejiga en la mujer y la próstata, por citar uno, en los hombres. Un músculo bien formado permite tener control sobre la micción o sobre la evacuación fecal y previene de trastornos como el prolapso de útero y vagina en las mujeres, mientras que en los hombres les permite tener un control sobre la próstata y por tanto sobre la eyaculación. El austriaco Arnold Kegel ideó, en la década de los cuarenta del siglo XX, una serie de ejercicios que permite ejercitar esa musculatura, ejercicios en los que resultan de enorme utilidad las bolas chinas.

A Marisa la conocí en Madrid. Fue ella misma la que se presentó. Era de madrugada. Yo salía de un plató de televisión, donde había concedido una entrevista.

—Valérie, he leído tu libro y tenía que decirte que me ha parecido ¡fascinante! —me dijo, acercándose a mí de manera decidida.

Marisa vestía elegantemente. Bellísima, con el talle de una quinceañera, se le notaba gusto, dinero y una especial inclinación por Versace.

—Muy amable, te lo agradezco... —le respondí realmente agradecida por el cumplido.

A partir de entonces nos vimos con relativa frecuencia hasta llegar a intimar (de palabra) y compartir algunas asignaturas en las aulas del Incisex. Formada en un círculo estricto del cristianismo mas fundamentalista, conmigo se sentía desinhibida para relatarme con todo detalle los continuos pecados de la carne que cometía, siempre, eso sí, dentro del marco del sagrado matrimonio. La interpretación que hacía de la doctrina que le habían imbuido del deber marital era, sencillamente, brillante. Cumplía uno a uno los preceptos de obediencia y sumisión, pero había convertido esos preceptos no en una mutilación, sino en un gozo carnal continuo.

—Soy la puta de mi marido —solía repetirme. No había

nada que él no hiciera que a ella no le reportara un extraordinario placer sexual. Además, como todo buen ortodoxo, había dejado abiertos los convenientes «puntos de fuga» en forma de incumplimientos a la ley divina, con los que justificarse frente al confesor y a la familia.

Fue otro austriaco, Sigmund Freud, el que valoró el orgasmo vaginal como superior al clitoriano. Según el padre del psicoanálisis (uno de los intelectuales más originales, por cierto, de la modernidad), la mujer sentía en su periodo formativo un orgasmo de origen clitoridial que en la madurez se iba redirigiendo hacia la vagina. Por tanto, una mujer madura era la que con su vagina, y no con su clítoris, podía provocarse orgasmos. Todos, excepto un grupo reducido y sin demasiado criterio (las mujeres), estuvieron de acuerdo. El tercer pilar del discurso normativo de nuestro modelo de sexualidad, el «coitocentrismo», estaba remachado con hormigón armado. Si entre todos convertíamos la vagina en algo sensible, el meter cosas dentro de ella cobraba pleno sentido.

Eran tiempos en los que las sufragistas empezaban a reclamar un papel igualitario en el derecho a voto (que en Francia, por ejemplo, no llegaría hasta 1944, más o menos cuando Kegel creó sus ejercicios); eran tiempos en los que a las mujeres había que empezar a «convencerlas».

Se hizo el silencio en el aula de sexología de la Universidad de Alcalá de Henares. Marisa acababa de anunciar con rotundidad que, pese a las observaciones del profesor, ella sí alcanzaba orgasmos vaginales cuando su marido la penetraba. Frente a las miradas de la veintena de alumnos que se dirigían a ella (no tanto quizá por la observación, sino por la falta de pudor con la que la había emitido), ella meditó un momento y prosiguió:

—Bueno, también me corro cuando me la mete por el culo...

A mí me gusta que me la metan de tarde en tarde, debo confesarlo. No es mi modalidad erótica favorita, pero tampoco le hago ascos. Pero nunca, ni por empatía, el coito me ha producido exclusivamente un orgasmo. Ni a mí ni a ninguna de las mujeres con las que he hablado de ello. Salvo a Marisa. Es una sensación placentera, no lo niego, especialmente cuando, por ejemplo a cuatro patas, el falo toca la pared anterior de la vagina y estimula indirectamente la zona interna del clítoris. Es una sensación psicológicamente agradable, la de integrarse en algo parecido a una unidad cuando el amante lo merece. Pero de ahí al orgasmo... ¿Por qué seguimos discutiendo sobre eso? ¿Por qué seguimos sin saber si la vagina tiene terminaciones nerviosas que puedan inducir al orgasmo? ¿A quién le interesa que desconozcamos eso?

Susana puede hacer ritmos con las bolas chinas introducidas en la vagina. Puede, según dice, mover el pene de su compañero a voluntad y masturbarlo (o «vagiturbarlo») sin demasiado esfuerzo. Eso está bien, es un gran logro, pero tiendo a ver en ello una adaptación más de la anatomía femenina al placer sexual masculino que un avance en el goce propio. «Lo malo de la ignorancia es que va adquiriendo confianza a medida que se prolonga», proclamaba Alexis de Tocqueville. Ignorancia es creer que las bolas chinas sirven para dar placer a las mujeres. Ignorancia es no saber a quién beneficia esa creencia.

Dos mujeres conversan entre ellas:

—Por ahí viene mi marido con un ramo de flores... esta noche me tocará abrirme de piernas.

—Pero, coño, ¿es que no tenéis un florero?

Frente a un «coitocentrismo» demoledor y excluyente yo no propondría un «coitofugismo», pero sí un «cogitocentrismo» conciliador y sensato. Y si uno no acaba de encontrar su «cogito», que busque dentro de una vagina, a lo mejor está allí, uno nunca sabe la de cosas extrañas que se pueden meter en ella...

Si no siento placer, es que soy anorgásmica

> *Creo verdaderamente que las decisiones que he tomado harán un mundo mejor.*
>
> GEORGES BUSH
> Declaraciones en *Time* evaluando la invasión de Irak

El orgasmo no es una casualidad que se presenta, es una decisión que se toma. Una determinación a la que se llega, después de haber realizado una valoración, durante la interacción sexual, de esas circunstancias concretas que nos proponen la posibilidad del orgasmo. Como en cualquier toma de decisión, por inconsciente que sea, nuestro sistema de valores evalúa lo que está sucediendo, juzga la conveniencia o no de optar por la posibilidad que tenemos y decide si queremos adoptar esta alternativa o no. Sucede que, muchas veces, esta decisión la tomamos, sin saber que estamos tomando una decisión. Normalmente, es un proceso implícito que no requiere que tomemos lápiz y papel, pero que, en cualquier caso, sí exige que se haya aprendido a tomar esa decisión de manera implícita.

Un orgasmo no se tiene, se aprende a tenerlo. O mejor dicho, se aprende a «permitirse» obtenerlo. Hay que instruirse no sólo en un conocimiento de la propia reacción sexual frente a determinados estímulos anatómicos (saber cómo es nuestro cuerpo y qué y de qué forma nos procura placer), sino, sobre todo, hay que formarse en el difícil arte de dejarse llevar, de dejar que la decisión quede en manos de nuestra respuesta sexual y no de nuestras «razones». Cuando la razón aparece, el orgasmo huye como los corderos del lobo. Cuando la razón toma la decisión, el orgasmo ya ha tomado la decisión antes.

Más que decir, como la coletilla, que no existen mujeres frígidas, sino amantes que no saben tocar, convendría disculpar un poco al amante (sabiendo que, efectivamente, hay demasiados amantes que no merecen ese calificativo) y matizar que, normalmente, no existen mujeres frígidas, sino mujeres que no han aprendido a dejarse tocar.

El papel del amante en el proceso tiene muchísima menos importancia de la que se suele atribuir. Alcanzar el orgasmo es una decisión estrictamente personal en la que el amante es sólo un elemento más de los que interpretamos en nuestra decisión de dejarnos o no alcanzar el eretismo. El orgasmo no nos lo procuran, lo alcanzamos nosotros solos. Decía Catherine Millet que no creía en absoluto que el sexo fuera un medio para comunicar, sino que es el dominio donde cada uno vive las cosas de la manera menos compartible que exista. El orgasmo es, en ese marco, una de las acciones más individualistas posibles. «¿*Gofas*, querida?», solía repetir Agapurnio. Y yo, o cualquiera, hasta con Agapurnio tocando el perineo o el laúd, podía haber gozado.

En cualquier caso, mi falta de orgasmo con él no era una manifestación de anorgasmia. Era, simplemente, que con él y con todo lo que rodeaba nuestra interacción sexual, yo decidía no alcanzar el orgasmo. La anorgasmia es la imposibilidad de alcanzar *el* orgasmo, no la imposibilidad de alcanzar *un* orgasmo.

Asunción era una de esas personas instaladas en la «lógica de lo peor». Todo le salía mal y, si en alguna ocasión no era así, ya se ocupaba ella muy mucho de que así fuera. Cualquier circunstancia de su existencia era «interpretada» por Asunción como el signo inequívoco de que las cosas «le venían de culo».

Sin embargo, su vida podía ser, a los ojos de cualquier otro que no fuera Asunción, envidiable. Adinerada, con una profesión liberal que le permitía marcar sus horarios, disponía de un extenso patrimonio que lo componían, además de su vivienda principal, varias propiedades en zonas turísticas del sur de España. Aficionada a la música clásica y a las películas romanticonas, no se perdía ningún estreno musical en la Fundación Caja Madrid.

Pero sucedía que, desde niña, le había acompañado el sufrimiento, con un padre que la había repudiado y una madre que la maltrataba lo suficiente como para que ella asociara el cariño con el maltrato (sólo porque creyó en los cuentos de hadas, en los que las madres son unas reinas y nunca la bruja de la manzana). Hasta que hizo de su sufrimiento su seña de identidad.

«Todo ha salido mal. A Asunción, todo le sale mal. Por lo tanto, soy Asunción.»

Tememos más el perder la que creemos que es nuestra identidad que el sufrimiento.

Vivía sola, en una casa grande en las afueras de Madrid, con varias personas a su servicio que le hacían sufrir lo necesario (la trataban con el «cariño» que ella exigía). Asunción gozaba, además, de una mala salud de hierro, que le permitía vivir constantemente preocupada por ella, aunque sus achaques no derivaran nunca a mayores.

Los casos de anorgasmia derivados de un problema orgánico son apenas del cinco por ciento del total. El área donde el terapeuta que pretende remediar una anorgasmia debe intervenir no es, por tanto y normalmente, en el organismo, sino en los procesos sexológicos que atañen a esa «decisión» de alcanzar un orgasmo.

«Frigidez» es un término que, por su connotación despreciativa, ha caído bastante en desuso en la escritura científica. No así tanto en el lenguaje coloquial. Resulta curioso como la sexualidad femenina siempre es nominalmente castigada si exhibe, a los ojos de no se sabe bien quién, un deseo sexual demasiado corto o demasiado largo. Frígida o ninfómana (nuevamente términos a los que el «discurso normativo del sexo» no contempla equivalencia para los varones), el ejercicio de la sexualidad femenina se enmarca en límites muy estrechos.

Organismo y orgasmo (y organización y orgía) tienen una misma raíz común etimológica. Algo querrá decir... El prefijo «org» significa «trabajo». El orgasmo necesita «trabajarse», «organizarse» en su consecución.

Dentro de los casos en los que no se consigue un orgasmo, se establecen diferenciaciones conceptuales entre aquellas personas que no lo alcanzan porque en su respuesta sexual no logran la fase inicial de deseo y las que, alcanzando las fases de deseo, excitación y meseta, no consiguen el orgasmo. De manera genérica, también se puede hablar de las condiciones de esa imposibilidad, si es porque nunca se ha conseguido, si es que se ha dejado de conseguir o si no se consigue de determinada manera en la que se supone que podría procurarse.

En cualquier caso, el gran enemigo del orgasmo es la necesidad de procurarse un orgasmo y la ansiedad por el orgasmo es el peor amigo del aprendizaje para la consecución del orgasmo. Nuestra maquinaria sexual es un mecanismo que, normalmente, funciona muy bien a poco que lo dejemos funcionar. El desconocimiento, muchas veces, nos lleva a encontrar un problema donde sólo había una circunstancia. Hacemos de la ignorancia un problema, cuando el único problema es la propia ignorancia. Una falta de reacción orgásmica en la puesta en práctica de nuestra sexualidad no significa, casi nunca, que nuestro diagnóstico sea la anorgasmia. Pero si creemos que es éste, entonces muy probablemente padeceremos anorgasmia.

Naturalmente, Asunción «decidía» siempre no tener orgasmos. Asumir esa exaltación del gozo que supone el orgasmo era, inconscientemente, inconcebible para ella. Le resultaba mucho más gratificante, pese a que ello fuera contra su voluntad consciente, la insatisfacción que la aceptación del placer. La buena mujer se esforzaba (puedo decirlo en primera persona porque me acosté con ella tres veces en uno de sus apartamentos de la costa andaluza), pero tras un eterno «¡ya me viene!», Godot no venía nunca. Inmediatamente después, volvía a su exaltado discurso amoroso. Porque Asunción me amaba a su manera, al día de hoy sigo sin dudarlo. La mejor prueba de ello era la negación del gozo. El amor, como le enseñaron de niña, y ella no consigue olvidar, nada tiene que ver con el placer.

No hay peor guerra civil que la que uno sostiene contra sí mismo. Decía Gide que hay muy pocos monstruos que se merezcan el miedo que les tenemos. Uno de esos monstruos a los que, quizá, sí debamos temer es el miedo a dejar de ser lo que creemos que somos; los otros, a veces, gobiernan naciones.

La eyaculación precoz es un problema del hombre

> *No juremos su Santo Nombre en vano... que la comedia gana*
> *divinidad, cuando lo divino pierde tragedia.*
>
> Jaculatoria arrabalesca
> De FERNANDO ARRABAL

Una jaculatoria es una oración breve y fervorosa que normalmente se realiza mirando al cielo. Las jaculatorias se «lanzan», por eso su nombre deriva del latín *iaculatorius* (de *iacere*, «lanzar»). Jaculatoria y eyaculación tienen el mismo origen etimológico. El dramaturgo Fernando Arrabal lo sabe bien.

«¡¡¡Ay... Dios, ya llego... me vengo...!!!», solía ser la particular «jaculatoria eyaculatoria» de Günter.

Günter no era mal amante. De temperamento nervioso e hiperactivo, parecía que nunca quería estar donde estaba, sino donde esperaba estar después; las cosas, para él, pasaban demasiado lentamente. Solía tener siempre algún dedo en la boca que mordisqueaba, inconscientemente, mientras completaba las frases de los demás antes de que las hubieran concluido, no siempre con acierto.

De origen bávaro, Günter era alto y enormemente delgado. Cuando lo conocí, acababan de nombrarle responsable máximo en España de una multinacional del sector tecnológico. Cuando me acosté con él por primera vez, llamó mi atención un curioso ritual: tenía que tener a mano un recipiente con cubitos de hielo. Brillante en su trabajo, original en sus planteamientos, Günter tenía el firme convencimiento de que era un eyaculador precoz.

Sólo los que no conocen el tiempo creen que el tiempo pasa sin tenernos en cuenta. Que es algo lineal, que no se dilata, se deforma o mengua. No hace falta entrar en Bergson o en la física relativista para saber que el tiempo sucede en función de la interpretación que de él hacemos en nosotros mismos. El tiempo no se mide con relojes, sino con emociones, porque el tiempo es el sentimiento de *nuestro* tiempo.

Es por eso por lo que siempre me ha parecido un tanto ridículo emplear un «tiempo objetivo» para valorar una respuesta o para emitir una conclusión. «Todo amor piensa en el instante y en la eternidad, pero nunca en la duración», decía Nietzsche. A la «duración» que transcurre entre la excitación y el orgasmo también le hemos puesto tiempo. Para encontrar, nuevamente desde otra medición, la normalidad y catalogarnos de «subnormales» o de «supranormales» en nuestra respuesta sexual.

La eyaculación precoz, o quizá mejor dicho, el eretismo precoz, tiene que ver exclusivamente con los sentimientos de frustración y satisfacción, no con el paso de las manecillas. Tiene que ver con que vivamos con plenitud una interacción sexual, en la que sean las emociones y no los relojes los que la validen o la sancionen. En la que nos condicione el placer que proporcionamos o recibimos y no los tiempos de ejecución que otros, por muchos que sean, han establecido como convenientes.

Con Günter, había que estar en continua comunicación. La valoración que él hacía de la prontitud con la que siempre le «amenazaba» el orgasmo hacía que el gesto de apoyar un cubito de hielo en la base de su espalda se convirtiera en un gesto común más en la coreografía sexual de cada encuentro. En cuanto su mano se agitaba buscando el bloque de agua, sabía que su orgasmo era inminente. Había veces en las que la postura o la posición le impedían alcanzarlo él mismo, entonces suplicaba «¡hielo!». Yo me detenía y se lo aplicaba, bien en la espalda sobre la columna, bien sobre el vientre, entre el ombligo y el pubis.

Sorprendentemente, sucedía que, en ocasiones, pasaba mucho rato antes de que su angustia le hiciera vislumbrar su eretismo. A veces, debíamos interrumpir nuestro encuentro en múltiples ocasiones para que siempre el agua mantuviera su consistencia sólida. Aun así, el resultado era el mismo; al eyacular, Günter se disculpaba por no poder sobreponerse a su «dolencia». Para Günter, el convencimiento de su mal era su único mal.

Por mi experiencia con él y muchos otros, no es tan importante el tiempo que se emplee en obtener el orgasmo como el convencimiento de que ese tiempo siempre va a resultar demasiado corto. Muchos hombres están convencidos de que son eyaculadores precoces. Y quizá eso sea, en muchos casos, su verdadero problema.

La clínica clasifica, para ella, esta disfunción en primaria o secundaria según la frecuencia con la que se presenta. Si siempre se produce, será «primaria», si se produce esporádicamente, se hablará de «secundaria». También se establece una distinción temporal basada en el «cuándo» se alcanza el orgasmo; si éste acontece antes de que se haya llegado a la penetración, se habla de *ejaculatio ante portas* («antes de las puertas») o de *ejaculatio intra portas* («entre las puertas»). No es necesario explicar a qué remiten las puertas y qué practica es la única que se contempla como «atravesadora de puertas».

En la cultura romana, existía una expresión de peligro inminente que podría equivaler a nuestro «¡que viene el lobo!». En Roma se decía, desde la Segunda Guerra Púnica, *Hanníbal ad portas!* o *Hanníbal ante portas!* Cuando se escuchaba esto, era que algo tremendo iba a suceder, como que el general cartaginés Aníbal Barca estaba a punto de someter la ciudad.

El enemigo, aquí, no es un militar con muy mala leche y elefantes como para fundar un zoo, sino algo tan gratificante como el orgasmo. Convendría reflexionar sobre qué extraños mecanismos pueden hacer que temamos a nuestro propio orgasmo.

Me cité con Hugh tres veces durante mi estancia en Londres con motivo de un *stage* de posgrado en una empresa. Cenábamos, tomábamos unas copas, y una vez llegamos a besarnos. Lo que de común tuvieron los tres encuentros es que terminaban de una manera brusca, dos en el portal de su casa y uno en la recepción de un hotel en el barrio londinense de Notting Hill. Cuando todo parecía predispuesto al encuentro sexual, de repente, algo fallaba.

No llegué a saber muy bien cuál era la causa, hasta que, dos años después, contactó conmigo porque iba a desplazarse a París y quería que le recomendara algunos lugares que visitar. En su carta, me informaba, después de explicarme el motivo de la misma, que vivía desde hacía seis meses con una chica de Birmingham y que con ella había conseguido superar el problema que yo sin duda habría intuido (y que en verdad yo nunca intuí): Hugh era un «eyaculador anticipativo», se corría al pensar que el coito podía tener lugar.

La eyaculación precoz es más un problema del «hambre» que del hombre. Como dificultad común, suele tener un muy eficaz tratamiento que pasa, como la solución a la mayoría de los problemas, por entender lo que sucede. Una de las primeras cosas que realiza el terapeuta es, con toda la razón del mundo, traspasar la unidad clínica del hombre a la pareja. Las disfunciones eyaculatorias no son asunto de uno, sino de la unidad que interacciona. En la práctica terapéutica de este conflicto, tienen especial importancia los ejercicios llamados de «focalización sensorial», con los que se pretende establecer una relación carnal «no exigente», que no tenga como finalidad ni el orgasmo ni siquiera, al principio, la propia excitación. También se recurre a algunas técnicas de control mediante presión del glande, realizadas por el *partenaire,* que resulta, por su posición, más eficaz en este cometido, a fin de generar seguridad y evitar la falsa creencia de la inevitabilidad del orgasmo.

Se trata de reeducar la estimación que se tiene del placer (propio y ajeno) y del significado de la relación sexual (poniendo, por ejemplo, en el lugar que se merece al coito, principal «agente patógeno» por la mala interpretación que de él se hace en este tipo de dificultad) para amortiguar, fundamentalmente, las ansiedades que provoca el desconocimiento.

Gran parte de esta práctica terapéutica se la debemos a los sexólogos Masters y Johnson, los mismos que propusieron que, en los casos en los que un «cliente» (término más apropiado para evitar la connotación patológica que tiene el de «paciente») llegara sin pareja, fuera ayudado en su proceso de aprendizaje por una «terapeuta sexual» que hiciera las funciones de su inexistente pareja. Con este principio el novelista Irving Wallace publicó una curiosa novela en 1987 que llevaba por título *The celestial bed* (*La cama celestial*), donde se relataban las actitudes y los comportamientos de estas carnales terapeutas sexuales.

Leí, en una ocasión, del filólogo Marius Serra, el caso de

un monje, Pompeyo Salvio, que a principios del XVII, de la jaculatoria *Ave Maria, gratia plena, dominus tecum*, había conseguido sacar quinientos anagramas (quinientas composiciones con sentido, combinando y utilizando las treinta y una letras de la jaculatoria). No sabemos cuánto tardó el tal Salvio en su cometido, pero en ningún caso debió de tratarse de un lanzamiento precoz... Y si con una jaculatoria se puede hacer eso, imagínense con una eyaculación...

Mi pareja me toca menos...
Seguro que ya no me quiere

—El ser humano parpadea unas diez veces por minuto —le
dije.

—¿Ah, sí...? —me respondió.

Y empezó, involuntariamente, a parpadear como un poseso.
Marcelo era un hipocondríaco y además un cretino que
me había dado la tarde. Se lo tenía merecido.

Nada mejor para crear un problema que creer que ya existe.

Las relaciones de pareja son siempre un «terreno problemático», fundamentalmente porque se construyen basándose en pactos y éstos no siempre se pueden poner por escrito.
Hay, como los buenos legisladores, que saber leer y saber
interpretar. Para lo primero, hay que conocer la «escritura» del
otro, saber cómo se expresa, conocer su vocabulario y entender su letra. Para interpretar, hay que conocer el «idioma»
que se ha generado en la relación, hay que haber aprendido
a colocar cada palabra en un discurso formado entre dos
individualidades que escriben el libro de su existencia a dos
manos. Decía Michel de Montaigne en sus *Ensayos* que «la
palabra es mitad de quien la pronuncia, mitad de quien
la escucha». Pocas veces como en la pareja esta afirmación
cobra tanto valor.

Vivía en mi casa desde hacía seis meses.

Ya hemos dicho que el amor es un asunto de entendimiento y de cultura «amorosa». Con él sucede un poco como con el gusto; «yo no entiendo mucho de arte, pero sé perfectamente lo que me gusta», suele decir uno cuando se enfrenta a una obra artística y no ha visto muchas antes. Con ello se pretende recalcar que uno tiene criterio estético, olvidando que el gusto no es más que una capacidad inconsciente, común a todo mortal y que se genera involuntariamente desde el momento que tenemos vista. Pero tener la capacidad de apreciar si algo nos resulta agradable o no está muy lejos de tener «gusto». Entre un «enterado» y un «conocedor», la diferencia radical es que el segundo ha sabido educar su ojo para una lectura eficaz y ha sabido establecer un canon con las miles de «miradas» que ha efectuado. Mientras que el primero sólo ve, el segundo interpreta lo que ve. En el amor y en las relaciones de pareja pasa igual, todos creemos que podemos gestionarlas simplemente porque somos capaces de amar (de ver), sin darnos cuenta de que las podremos gestionar verdaderamente sólo cuando seamos capaces de interpretar lo que vemos.

Le dije que me dolía la cabeza. Es cierto que llevaba un tiempo sin acostarme con él. Yo no sabría decir cuánto, pero él seguro que sí. Me giró la espalda y apagó la luz. Yo, a tientas, me levanté a buscar una aspirina.

Un sofisma es un razonamiento aparente que nos pretende convencer de lo falso:

> Sócrates es mortal.
> Las vacas son mortales.
> Sócrates es una vaca.

Algunos, como éste, parten de dos premisas ciertas para alcanzar una conclusión errónea. Otros, directamente, se apoyan en premisas falsas, que creemos como ciertas, para completar un silogismo engañoso. Un ejemplo:

El sexo es pasión.
La pasión es amor.
El sexo es amor.

Ni el sexo es exclusivamente un acto pasional, ni la pasión es sinónimo de amor, ni la falta de sexo es sinónimo de desamor. Esto último es lo que aquí nos interesa.

Al despertar, recordé el desencuentro de la noche. Me acurruqué contra su cuerpo y puse cariñosamente la mano sobre sus genitales. Él todavía dormía. Le susurré algo al oído y me respondió con un exabrupto del que sólo pude entender algo así como «déjame dormir, ¡joder!». Me di la vuelta irritada y decidí que volveríamos a practicar sexo justo cuando y como yo quisiera.

Al «discurso normativo del sexo» le gustan las medidas. No sé exactamente el porqué, aunque intuyo que tiene algo que ver con estrategias para comercializar mercantilmente el sexo. Una de sus mediciones favoritas es la frecuencia. «¿Cuántas veces practicamos el sexo al año?»; nadie explica, y menos los fabricantes de condones, lo que significa «practicar el sexo», aunque todos, desgraciadamente, tenemos una idea bastante clara de a lo que se refieren.

He dicho ya en algún sitio que las estadísticas sirven para saber lo que dicen las estadísticas. Poco más. Sin embargo, y esto lo sabe cualquier político en campaña, también pueden influir notablemente en la idea de «normalidad» que la ciudadanía pueda tener de ella misma. Estadística es, también, por cierto, la amiga que nos cuenta cuántos polvos ha echado con su maromo la última semana. Si nos creemos, por ejemplo, que las parejas normalizadas follan (es decir, la meten) tres veces por semana, empezaremos a tener un problema. Cuando no cumplamos con la «media» normalizada, creeremos que somos menos amados.

Pasaron los días y yo le chantajeé emocionalmente negándole el encuentro sexual. Esto hizo aumentar notablemente la tensión en casa. Fue una buena amiga, a veces es una desgracia tener una buena amiga, la que me llamó, preocupadísima, para informarme que le habían visto en compañía de otra gran amiga. Un patrimonio, esto de las grandes amigas. Me dolió enormemente, pero me pareció vulgar el reprochárselo, quería algo más sofisticado, así que me enrollé con su mejor amigo.

La interacción sexual en una pareja estabilizada es un acto cultural. No es un sentimiento, como nos quieren vender, es un convenio sentimental. No es una pulsión inmanejable, es una apetencia pactada. Como ir juntos al teatro, como compartir la cena, como prestar consuelo. Nos hacen vivir en una idea del amor y la convivencia en la que se olvida que, por encima de sentimientos incontrolables (los que nos acometen al empezar a construir, pero no para ir construyendo) y de novelescas pasiones decimonónicas, está el acuerdo; el acuerdo por crecer en la compañía de alguien sabiendo escribir, leer e interpretar cada uno de los párrafos de la Constitución. Pero si consumir es fácil, igual que engañarse, construir es laborioso, igual que comprender.

No tardó mucho en enterarse. Rompió la vajilla, recogió sus cosas y se marchó. No sé si realmente le quería o si él llegó a amarme, no sé si se tiró a mi amiga, pero ahora sé que de un dolor de cabeza y del sueño de una mañana de domingo, hicimos un problema.

Estas líneas no son una apología de la pareja, es una apología del entendimiento cuando se quiere vivir en pareja. Es una patada en los huevos de los que nos quieren hacer creer que amar, cuando se quiere amar, es fácil, de los que nos engañan con sus papeles diciendo que cuando se folla poco es porque, irremediablemente, ya no existe el amor y de los que hacen de su sinrazón la razón de otros. Como decía perfectamente el poeta: «Amamos sin razón y olvidamos sin motivo». Sería hermoso amar con razón y olvidar los motivos.

Con la edad se pierden las ganas

Gorgias Leontino, que cumplió ciento siete años y que jamás cesó en su estudio y trabajo; el cual, habiéndosele preguntado por qué quería vivir tantos años, dijo:
«Nada tengo de que acusar a la vejez».
Extracto de *Catón el Viejo o de la Vejez*
CICERÓN

No hay mejor manera para hacer que algo sea cierto que creer que es cierto.

Madame Claudette sentía una especial predilección por los trajes de Chanel. Pese a lo avanzado de su edad, mantenía una silueta esbelta y un pelo cano y lacio que dulcificaba su rostro y daba sentido a sus arrugas. De miembros largos y delgados, sus gestos eran siempre comedidos pero determinados. Al hablar, sus manos se movían por el aire como las de un pianista durante un recital.

Era propietaria, durante la ocupación nazi de Francia, de un prestigioso restaurante de la comarca, y su actitud, como la de muchos franceses en aquella situación, había sido la de «incomodar»; los mejores vinos se aguaban en su casa cuando llegaban los oficiales alemanes, las tarifas se incrementaban y el oído se afinaba. Sin embargo, se contaba de ella que, además de estos gestos, había realizado servicios de contraespionaje para la resistencia francesa y que en su cama le había sacado algo más que cariño a algunos de los mandatarios alemanes de zona. Pero ella, al menos que yo sepa, nunca confirmó ni desmintió nada de aquello. Tuvo dos hijos de su primer matrimonio, uno murió en las Ardenas, el otro heredó el hostal. Solía verla pasar, siendo yo niña, andando lentamente, con su discreta seguridad a las espaldas, por delante de la puerta de mi casa, cuando, en verano, pasábamos unos días en el pueblo de mi padre, en la región de La Champagne-Ardenne.

El discurso normativo de nuestra sexualidad ha convertido el sexo en una actividad «adultista». El segmento de población legitimado para ejercerla ha quedado restringido de ese modo a aquel grupo que es «productivo»; al que es capaz de engendrar, al que puede manejarse bien con el esperma. En su criba, el Modelo, que como ya hemos dicho ha hecho del sexo el coito y de la sexualidad un problema, ha borrado dos amplios grupos de población: los niños y los ancianos. En cuestiones de sexo, el de los niños no existe y el de los ancianos se desprecia.

Como resulta complicado, por la corrección política, decir que uno no es un ser humano de niño y de anciano y, por lo tanto, una entidad sexuada en esos periodos de su vida, lo que se ha hecho ha sido poner adjetivaciones concretas a esos seres humanos «particulares». Los niños son inocentes (como si «inocencia» y «sexualidad» no pudieran ir juntas) y los ancianos, apáticos (como si el sexo fuera mover la pelvis como un poseso). Los niños desconocen la vileza del estigma de ser sexuado y los viejecitos ya no tienen energía como para entregarse a los desenfrenos de la carne. Así, todos, salvo los implicados, contentos. Y si preguntan, a unos se les oculta y a los otros se les engaña.

Por ejemplo, cualquiera que haya tenido trato, más o

menos directo, con los centros de confinamiento de estos grupos de edad, parvularios o escuelas primarias y geriátricos, sabe que en ellos la actividad sexual es intensa. No quiere esto decir, por supuesto, que se organicen orgías ni cópulas masivas entre los internados ante los ojos atónitos de los celadores, pero sí que el ejercicio de la condición de sexuados de estas personas se pone en práctica. Mientras los niños averiguan, los ancianos confirman.

Madame Claudette, a la que despectivamente llamaban Madame Traineuse (algo así como Señora Trotona), solía ser tema de conversación en las interminables reuniones que, entre copas de *cassis*, celebraban en casa mi madre y sus vecinas. «No quiere hacerse cargo de sus nietos», «se ha visto entrar al señor tal en su casa», «no tiene edad para esas cosas...» solían ser comentarios recurrentes. Y mientras más y más centraba la anciana de los trajes de Chanel sus iras, más y más fascinante me resultaba su persona. Ella empezó a representar para mí una canción distinta, una película que me evadía de las sesiones de cartas y moralina, de las rutinas del orden familiar conveniente y de los rituales de buenas costumbres de clase media francesa.

Intuyo, ahora, que lo que más les indignaba a la vecindad de la actitud de Madame Claudette no era su presunta promiscuidad, sino su probada dignidad. Y no era su libertad, sino que hiciera uso de ella. Así que, mañana tras mañana, antes de ir a buscar el pan de la mano de mi padre, me sentaba en la puerta para que, como solía hacer, Madame Claudette respondiera a mi mirada curiosa con una sonrisa franca.

Para las mujeres, la «menopausia» tiene un carácter mucho más marcado que la llamada «andropausia» para los varones. El proceso que nos lleva a la pérdida de la regla es largo y penoso y durante él se producen una serie de cambios traumáticos en nuestra mecánica hormonal que nos afecta en alteraciones emocionales y en trastornos orgánicos más o menos evidentes. La irregular producción de una hormona llamada testosterona (que solemos creer que sólo la producen los varones) genera una serie de inconveniencias en el ámbito de los genitales: mayor sequedad vaginal, pérdida de elasticidad en ese conducto, estrechamiento del tramo posterior y del cuello del útero... y de mermas en el proceso bioquímico del deseo.

Ello no es en ningún caso determinante, ni siquiera condicionante, para que una mujer posmenopáusica no pueda hacer un uso totalmente satisfactorio de su sexualidad. Este proceso natural de la menopausia es condicionante, y por lo que se ve cada vez menos, en la capacidad de fertilidad de la mujer, pero sólo para los que erróneamente asocien la fertilidad con el sexo puede ser un inconveniente o sólo para los que quieren hacer creer esto a las personas que ya han cumplido este tránsito orgánico.

«Kourocracia» es un término que no existe, pero que al igual que «gerontocracia» podría formarse uniendo los términos *kouros* (hombre joven) y *kratos* (poder). Su significado podría equivaler al de «gobierno de los jóvenes». La juventud, el modelo que de ellos hemos construido para vender bienes asociados a ellos (de yogures a cirugías), con su vitalismo productivo, su belleza eternamente fresca, su acción siempre determinante, se ha impuesto, como un mal amante, sobre nuestras espaldas. Si, como decíamos, el Modelo Normativo de la Sexualidad ha convertido el sexo en algo «adultista», su práctica la ha convertido en algo «juvenil». Hay que tener cuerpos brillantes y modelados, la movilidad de un trapecista, la elasticidad de un contorsionista chino y el cerebro de un... bueno, a juego con el conjunto. Los adultos empiezan a ser un bien escaso. Y los jóvenes de verdad, no los de anuncio, andan tan escamoteados como aquellos. Olvidándonos siempre de aquello de que el verdadero genital es el cerebro y su eficacia depende del pensamiento, y que a éste sólo lo adiestra un tutor: la edad.

Una mañana no despertó. La asistenta la encontró en su cama. Se dijo, porque siempre está bien decir algo, que últimamente se veía con un jovencito que debió de consumir, en aquellas mismas sábanas, sus últimas energías. Acompañé a mi madre a casa de Madame Claudette para darle el pésame a una hija suya, nacida de su segundo matrimonio, que vivía en la capital y a la que yo nunca había visto por allí. Cuando entré en la casa cogida de mi madre, pude ver algunos rastros de su vida. Unas fotos sonrientes sobre el piano negro, una vajilla tras los cristales de la alacena con dibujos como bordados, una botella de brandy junto a un vaso, vestidos de Chanel apilados sobre el sofá de terciopelo azul, y sobre la pequeña consola de la entrada un libro cuyo título no alcancé a leer, pero que bien podría ser *De Senectute*, de Marco Tulio Cicerón, en el que se habla de aquel viejo sofista que vivió muchos años sin despreciar lo que le hizo vivirlos.

La masturbación es un sustituto del sexo

De tiempo en tiempo, una mujer es un substituto razonable a la masturbación. Pero, naturalmente, exige de mucha imaginación.

KARL KRAUS

Un día, decidí que ya no entrarían más hombres en mi cama. Debía de ser hacia mediados de noviembre de 2004.

Decía el cómico que lo malo de los cuernos es que tienes que cargar con toda la vaca. A mí me había tocado una mala racha de oportunistas, simplones, pretenciosos y enamoradizos, de esos que lees en medio polvo, que los tienes del todo vistos antes de que se bajen los calzoncillos y que se acaban por donde empezaron. A cambio, había tenido que cargar con pamplinas de seducción, cenas de charlas mal guionizadas, polvos que ensucian más que edifican y despedidas a la francesa. Mucha vaca para tan poca cornamenta. Pensé que ya había trotado bastante. Y que no hay mejor sexo que el que una se procura.

La algarroba es un sucedáneo del chocolate sólo para los que creen que no existe nada más que el chocolate. Para los demás, es el fruto del algarrobo, de vainas alargadas y color marrón oscuro, cuando maduran, y un saludable alimento.

El origen del término «masturbarse» no parece estar del todo claro para los filólogos. De origen latino, podría derivar de la locución *manu stupare*, algo así como violarse o forzarse con la mano, o de *manu turbare*, turbarse con la mano. El matiz entre la condena y el gozo es amplio, pareciendo quedar a gusto del consumidor el sentido que le pueda dar a la práctica de esta erótica: la culpa o el placer.

Hemos hablado ya de que hemos construido una sexualidad humana eminentemente «masculinizada». Sabemos lo que mide un pene, pero ignoramos lo que mide una vagina, la respuesta sexual femenina sigue siendo un terreno lleno de brumas y pantanos (que si orgasmo vaginal, que si punto de cruz, que si eyaculaciones femeninas...), el deseo sexual se anatemiza en las hembras y se aplaude en los varones (una «guarra» o una ninfómana es un donjuán o un sátiro) y hemos hecho del coito, que satisface especialmente a quien satisface, el fundamento finalista de nuestras posibilidades eróticas. «Masturbación», que procede en cualquier caso de una acción cometida con la mano, no parece salvarse de esta tendencia a nombrar los elementos de la sexualidad humana de manera varonil; el término *digiturbar*, por ejemplo, no existe.

Esta excesiva «dependencia de la mano» no pasó desapercibida para los sexólogos de principios del siglo XX. Havelock Ellis, en su *Studies in the Psychology of Sex*, prefiere emplear el de «autoerotismo», para hacer referencias a todas aquellas prácticas que tendían a producir placer a través de la interacción sexual con uno mismo.

El sexólogo italiano Rinaldo Pellegrini, en la década de los cincuenta, utiliza, creo que por primera vez, el término *ipsación* (equivalente al de «autoerotismo» de Ellis), derivado también del latín y que significaría algo así como «a sí mismo» o «acción sobre uno mismo». La ipsación sería, entonces, todas aquellas prácticas que, con ayuda o no de elementos instrumentales (consoladores, dildos, vibradores, etc.), procuran placer en solitario. El mismo Pellegrini, para eliminar las connotaciones morales de masturbación y para hacer referencia exclusiva a esas prácticas de ipsación que usan la mano, introduce el término, tomado del griego, *quiroerastia* («amar con la mano»).

Una cosa son las prácticas en solitario y otras, las que se realizan con la mano. Una cosa es amarse a sí mismo y otra, amar con la mano. Una cosa no conlleva la otra y la otra no es sinónimo de la primera. El matiz es fundamental. Cuando las cosas las entendemos, las nombramos correctamente.

Mientras encendía mi portátil y colocaba una película porno en el lector de dvd, recordaba, en los inicios de mi deseo, a Diógenes de Sínope, el cínico, que se masturbaba públicamente cada vez que su apetencia lo requería. «¡Ah!, si pudiera saciar mi apetito del mismo modo que sacio mi deseo sexual... con sólo frotarme el vientre...», cuentan que decía cuando se le increpaba.

En mi recién estrenado estado voluntario de celibato (nada casto), el hacer uso de mi condición de ser sexuado sin necesidad de un(a) pelmazo/a era una bendición. Por eso desabroché el botón de mi tejano y deslicé los dedos por debajo del tanga. Como otras veces habían hecho otros.

Dos son los grandes errores malintencionados que circundan al hecho masturbatorio: el habernos engañado con que es un acto exclusivamente solitario, y el creernos que es una práctica sustitutoria de otras eróticas (como la algarroba del chocolate). Ambas creencias erróneas se apoyan en el hecho de que el «discurso normativo del sexo» sanciona las prácticas sexuales no «productivas», haciendo de ellas, como ya hemos visto, preliminares de algo, o mortificando al que las acomete convirtiéndolo, en el caso del masturbador, en una especie de «deficiente social».

En la Roma antigua, el orgasmo no podía procurárselo uno solo. Por más solo que estuviese. Se requería siempre la ayuda de un genio, de un manes, que era el que, a través de la práctica ipsatoria, viniera a procurar el eretismo. En el siglo XVIII, Crébillon hijo escribió una novela en la que le dio el nombre de *Sylphe* a ese genio portador de orgasmos. Tampoco en latín, como parece que cuenta Marcial, existía el sustantivo «masturbación», aunque sí existiera el verbo «masturbar». Un verbo implica, o al menos no descarta, la participación. Uno, aquí y en Roma, puede masturbar a otro.

Creo que fue a Arrabal al que oí mencionar el hecho de que Sartre, cumplidos los cincuenta, se declaró exclusivamente como un «masturbador de clítoris». Salvo que el existencialismo, en su infinita sabiduría, le hubiera procurado a Sartre un clítoris, Sartre masturbaba en compañía. La quiroerastia, el amar con la mano, no es sólo asunto privado.

Yo tenía un amigo que amaba a su esponja. Tenía una hermosa esponja natural con la que practicaba el coito en la soledad de la bañera. Una amiga prefería las berenjenas, con las que se unía en su cama.

El coito, la cópula, el ayuntamiento y hasta la fornicación pueden ser también una práctica en soledad (si alguien tiene dudas de lo que digo, que consulte el diccionario de la Real Academia); sin embargo, cuando así sucede, decimos que es una masturbación. ¿Por qué?

La segunda condena proviene de creernos que las eróticas ipsatorias son un sucedáneo de algo que pretendemos y no logramos. Un sucedáneo de la interacción sexual en compañía (de follarse a alguien atractivo, por ser más explícitos).

Contaba Dion Crisóstomo, el retórico, que el dios Pan ardía en deseos de poseer a la ninfa Eco. Ante la imposibilidad de lograr su objetivo, Hermes, su padre, le reveló los secretos del placer en solitario. Secretos que él pronto difundió entre los pastores de la Arcadia, posiblemente junto al de la zoofilia.

En su origen legendario, ya se hace de la ipsación el sustituto de una unión imposible, el fruto de una carencia. Sin embargo, sabemos que el vivir en pareja no elimina el que mantengamos nuestro «amor propio» (que, como decía Wilde, es una aventura de por vida). La ipsación permanece aún cuando tengamos un *partenaire*, o un grupo de *partenaires* que satisfagan plenamente nuestra puesta en práctica del sexo.

Un día, decidí que ya no entrarían más hombres en mi cama. Debía de ser hacia mediados de noviembre de 2004. La decisión me duró apenas quince días. La vida me determinó a encamarme, en el día más largo, con Jorge. Aunque mi nueva determinación, esto lo puedo asegurar, no fue por un *quítame allá esas pajas*...

Es difícil perdonar una infidelidad

> *Ésta es la historia de Pasifae: la esposa de Minos, reina de Creta, se enamora del toro divino que Neptuno ha regalado al rey. Pasifae va en busca de Dédalo, el «técnico». Le pide que fabrique una becerra mecánica en donde ella pueda meterse y con un diseño tan ingenioso que logre engañar al toro para que este introduzca el «fascinus» en su vulva. Pasifae puede conocer así la voluptuosidad de los animales, los deseos no permitidos. La becerra de Pasifae es el caballo de Troya del deseo.*
>
> PASCAL QUIGNARD
> El sexo y el espanto

Los animales astados no siempre han tenido mala prensa. Como vemos, en ocasiones, hasta han servido para convertir, a su vez, en cornudo a todo un rey.

Hay cosas que si hubiera sabido explicarme por qué las hacía, posiblemente no las hubiera hecho. Una de ellas fue llamar a Dieter y Elsa.

Ocurrió en 1997 y yo volvía a instalarme en Barcelona después de vivir un tiempo demasiado largo en Madrid. El anuncio decía:

Pareja liberal con buena presencia y alto nivel sociocultural, busca chica seria para mantener relaciones sexuales.

No lo dudé mucho y llamé. Supongo, como digo, que fue el no saber explicarme a mí misma por qué llamaba lo que me hizo llamar. Cogió el teléfono Dieter.

Alguna vez hemos hablado ya de que uno de los tres fundamentos en los que se apoya eso que algunos llaman la sexualidad humana (que en realidad no es más que el «discurso normativo del sexo» que nos hemos procurado para salvaguardar un sistema social articulado en la familia y destinado a la reproducción) es que la ejercitación de nuestra condición de seres sexuados debe realizarse dentro de la «asociación» pareja.

Familia y reproducción son los únicos usos que ese discurso, que nos encajan como si fuera el verdadero sexo, permite. Esto puede sonar a *demodé* y podemos creer que ya no está en vigor porque nos hemos comprado un vibrador, pero si alguien piensa, por ejemplo, que no es cristiano porque no visita las iglesias, que revise su sistema de valores y luego evalúe la afirmación que niega su «cristiandad» (hay muchos menos «infieles» de lo que nos imaginamos).

Para preservar esos usos hay que, entre muchas cosas, controlar de manera feroz el deseo femenino (y tolerar o aplaudir por «natural» el masculino), hay que sacralizar los genitales femeninos (que son los que «generan»; los que reproducen) basándose en un control moral oscurantista sobre su uso y a la ignorancia sobre ellos (sólo lo que desconocemos puede ser sagrado), hay que hacer de la única práctica erótica reproductiva, el coito, la finalidad del sexo o hay que dar «títulos de propiedad», a los contrayentes del contrato de pareja, sobre la genitalidad del otro, catalogando esta exótica práctica, de la exclusividad genital, como «fidelidad».

Dieter no me causó mala impresión. Quedamos para encontrarnos al día siguiente para tomar un café y charlar un rato. Me anunció que le acompañaría su pareja, Elsa.

El adulterio se despenalizó en España en 1978 y en Francia en 1975, pero en ambos países se sigue considerando una falta civil que permite, vía divorcio, disolver el acuerdo matrimonial sancionando al adúltero.

Elsa fijó enseguida sus hermosos ojos sobre los míos. Dieter se mostró calmado y cariñoso, exponiendo con claridad lo que pretendían de este encuentro. Pagó los cafés y abandonamos por separado la terraza. Aquella misma noche me recogerían para acompañarme a la casa que tenían en Sitges. Yo encaminé mis pasos hacia la lencería. Comprarme ropa interior estimulaba mi apetito.

La expresión española «poner los cuernos», en italiano, por ejemplo, se traduce por *mettere le corna* y si mis fuentes no me engañan, en chino se expresa como «poner un sombrero verde». En cualquier caso, con cuernos o sombreros, parece que la infidelidad está en la cabeza del que la recibe.

La gran excusa del «discurso normativo del sexo» para exigir la fidelidad y pegar a los amantes «familiares» como insectos al papel atrapamoscas es el amor. Bueno, el ejercicio de lo que los mismos redactores del discurso llaman el amor; un compromiso de por vida en el que la obligación de fidelidad se convierte en uno de los fundamentos inequívocos de su existencia.

Pero amar no es amarse a uno mismo en el otro. Es un acto culto (que requiere de cultura, de aprendizaje y de experiencia) y se basa en el aprecio, a través del entendimiento, del otro. Al amado no se le alecciona, se le observa, no se le transforma, se le ve crecer y no se le conduce, se le acompaña. Amar es algo que está mucho más cerca de comprender que de comprometer. Sin embargo, ligamos continuamente el amor al compromiso a través de fórmulas que se apoyan mucho más en las lógicas de la retención que en las de expansión; hacemos del amado una propiedad y no un recurso, una finca y no un paisaje.

Llegaron justo a la hora acordada. De camino a su casa nos detuvimos a tomar una copa en un local de moda de Barcelona. Allí, entre risas y roces, se despejaron las dudas que pudieran quedar.

En la cama nos centramos en Elsa. Dieter participó lo justo para que ella lo viera acariciarme y viera cómo yo le correspondía. Después, se fue discretamente, sin perder la sonrisa, apartándose del juego hasta convertirse en un observador activo que se deleitaba con el placer de Elsa.

Al despuntar el día y tras una ducha, Dieter me acompañó a casa. Nos despedimos con dos besos cordiales y con la promesa por ambas partes de un nuevo encuentro.

Yo no he sabido amar muy bien, lo confieso. No he sido, tampoco, una novia modélica para un novio modélico. Sin embargo, creo que siempre he entendido bien la diferencia entre afinidad y fidelidad, entre lealtad y compromiso y entre empatía y obligación. Cuando alguien me ha acompañado durante un trecho, he intentado siempre guardarle lealtad en forma de respeto a su inteligencia, tratándolo como un adulto que lo que esperaba de mí era no sentirse engañado (no necesariamente «no ser engañado»). He callado cuando podía herir y he contado cuando quería herir. Y cuando la afinidad me ha mantenido sexualmente vinculada a una sola persona, he procurado que no fuera por cumplir un contrato, sino por cumplir un deseo.

La de Dieter y Elsa no era, quizá, la historia de infidelidad que acabó incendiando Troya, ni Elsa era Emma Bovary o Desdémona, ni Dieter se parecía a Mr. Chatterley. Ninguno de los dos escribía como Homero, Flaubert, Shakespeare o D. H. Lawrence, pero en mi modesta opinión se escribieron, utilizando mi piel como papel timbrado, una hermosa carta de amor. Utilizando un juego de amor sin poner el amor en juego. Ellos tuvieron el mejor de los perdones; no tener que perdonarse.

Pasó una semana y no volví a tener noticias de ellos.

Matrimonio de setenta años él y de sesenta y cinco ella, pero con mucha marcha, busca chica que quiera compartir sus aventuras sexuales. Seriedad y discreción.

Descolgué el auricular.

El que recurre a la prostitución es porque le falta algo en casa

Un juez pregunta a una mujer que solicita el divorcio:
—¿Cuál es la causa de su petición?
—Que mi marido me trata como si fuese una perra.
—¿Recibe usted malos tratos?
—No, es que quiere que le sea fiel.
Chiste popular que me contó un día una abogada matri-monialista intentando profundizar en los motivos por los que hacemos ciertas cosas.

En la zona de *catering*, el director del programa no paraba de darle ánimos paternalistas. Ella abría unos ojos radiantes, mientras sus pequeñas y regordetas manos rebuscaban por la bandeja un canapé apetitoso. La había visto, aquella misma noche, momentos antes de que yo entrara en el camerino. Cuando sus pasos se cruzaron con los míos, pude notar su vitalidad y su desconcierto. Parecía una niña pequeña a la que hubieran dejado sola en una tienda de caramelos. Me saludó con una sonrisa franca que parecía decir: «¡Voy a salir en la tele!».

A él lo conocía de haber coincidido en otros programas. Su trayectoria de cuchillero de alquiler en estos espacios sensacionalistas no pasaba por alto dentro del medio. Para el gran público era un tipo gracioso, de insulto fácil y pasado, presente y futuro oscuro.

«Ya la tienes a punto...», le susurró el director mientras apoyaba una mano en su hombro.

Encendí sin prisas un cigarrillo. Él evitó mi mirada.

Sancionar el consumo no es la estrategia preferida del orden económico (que cada vez se distingue menos del orden moral), precisamente porque es la lógica del consumo la que lo sustenta; producir bienes de consumo para poder consumir bienes de consumo. Sin embargo, sucede que en ocasiones, para acabar con una práctica que pueda dañar «el bien público», resulta menos costoso condenar, responsabilizar y aterrorizar al consumidor que acabar con la poderosa estructura de producción y distribución que genera esa práctica.

El verdadero éxito de, por ejemplo, la larga y sostenida campaña anticonsumo de tabaco estriba primordialmente en hacer caer la responsabilidad del consumo exclusivamente en el usuario final (el «libre albedrío» es un magnífico invento para generar culpas). Una vez ahí, se pensó que bastaría con documentar exhaustivamente los efectos físicos de la droga para meter el miedo en el cuerpo. Pero eso quizá no fuera suficiente; la adicción al tabaco es poderosa y la voluntad de poder decidir por uno mismo qué hacer con su cuerpo también. El verdadero éxito llegó cuando se hizo del fumador un «sujeto contaminante»; alguien apestado que transmite y contagia su pestilencia a su paso. El descubrimiento de la figura «fumador pasivo» convirtió al fumador en un desalmado social que debía ser incriminado por el ojo público, vía mirada del vecino, como en el sistema piramidal de control de los regímenes totalitarios. Hasta que no sólo se convenció al vecino del delito del prójimo, sino al propio prójimo de su delito.

El «bien común» queda protegido (el «bien común» que, más allá de la preocupación humanística, es una simple balanza de pagos entre lo que genera y lo que cuesta, en el caso del tabaco, la riqueza que genera cada cigarrillo consumido y el gasto sanitario que procura). Para cuando consumir tabaco sea el anacronismo de una sociedad inmadura, las empresas productoras de tabaco ya habrán podido reorientar su actividad hacia otras más «saludables» (la industria armamentística, por ejemplo).

En la prostitución el consumo se sanciona con eslóganes como «porque TÚ pagas existe la prostitución» o «el que recurre a la prostitución es porque le falta algo en casa». Uno institucional, el otro de uso común. Uno de partido, el otro popular.

Entramos en el plató cinco minutos antes de que empezara la emisión en directo. Me ajustaron el micro sobre el chaleco cuando ya había tomado asiento en la zona de invitados. Pude ver su cara exultante entre el público. El nerviosismo se le escapaba por los pliegues de un vestido negro, de una talla demasiado optimista, que debía de haber comprado para la ocasión.

«Probando, uno, dos, probando...», susurré al micro, sin fijarme demasiado en la respuesta del técnico de sonido. Era ella quien captaba mi atención.

Hemos convertido a la mujer en un elemento multifunción, como las navajas suizas. Ahora es un abrecartas, ahora una sierra, ahora una lupa, ahora un palillo de dientes. Su identidad la definimos por el rol social que desempeña en cada momento. De elemento «amante» (la novia) pasa a ser un elemento «administrativo» (la esposa) y de elemento «tutorial» (la madre) pasa a elemento «contemplativo» (la abuela). Cada atribución de funciones parece única y exclusiva de la tarea que realiza la mujer en determinado momento y cada atribución parece definir la identidad profunda de la misma mujer. Cuesta pensar en una abuela amante, cuesta pensar en una amante que administre un hogar. Como en el teatro griego el *hypocrites*, el actor, es, según la máscara que lleve, el personaje que representa en ese momento, pero nunca el propio actor.

Esa determinación identitaria en función de las responsabilidades nos la creemos todos; la masa ciudadana, los hombres y, especialmente, las mujeres. Es por ello por lo que atribuimos una infidelidad de pago a que la compañera ha dejado de ser aquella que desarrollaba la función de amante en la *commedia dell' arte*, sólo porque le han impuesto la máscara de *Dottore Peste*. Sólo porque confundimos la máscara con la persona.

Todo ello es igualmente aplicable a la novia eterna; la meretriz. En su función de amante complaciente no se la puede ver como esposa, madre o abuela. Sorprendentemente, la puta, para el sistema de marcaje y etiquetaje social, sólo es puta. Y de por vida.

El «debate» se desarrolló con relativa normalidad. Pero faltaba «chispa». El presentador, posiblemente siguiendo indicaciones de las voces del pinganillo, anunció la presencia en el estudio de alguien que quería denunciar algo. Y le pasó la palabra.

Se levantó de un salto. Sujetó temblorosa el micrófono que le pasó la azafata y llena de convicción expuso, como en una lección bien aprendida, como su marido frecuentaba las casas de lenocinio pese a que ella estaba dispuesta sexualmente a hacer cualquier cosa. Sus kilos de más se agitaban cada vez que enfatizaba la protesta. Su cara redonda había empezado a sudar y el maquillaje se diluía como una mancha de tinta fresca. Su euforia amenazaba con tirarla gradas abajo.

El presentador, o la voz del pinganillo, profundizó.

—Pero ¿qué cosas estás dispuesta a hacer?

Ella, entre las risas generales, explicó detalladamente cada una de sus disposiciones, mientras sus sudorosas manos se agitaban por el aire. Y con ellas, el micrófono.

—Lo que sea; dejarme dar por el culo, tragarme su semen, que estemos con otras mujeres, que me ate a la cama...Todo. Y digo TODO.

Se iba creciendo a medida que el pudor la abandonaba. Cerraba las manos con fuerza mientras exponía su conversión a «puta marital» para condenar al putero infiel. Segura, reforzada por la aclamación popular en forma de risotadas, la elocuencia hizo que sus tacones nuevos no soportaran tanto énfasis y cedió el del zapato derecho, sentándose en el traspiés, en un señor calvo que ocupaba la plaza contigua a ella, mientras su voz desaparecía por la caída del micrófono y su imagen oculta por la risotada fácil del público.

Entonces intervino él:

—Con una loca como tú, es un deber largarse de putas y como no te des prisa en levantarte, el programa va a tener que pagarle a éste la visita al burdel. Anda ya, y pierde unos kilos...

Intentó responder, pero no pudo.

Su semblante cambió a medida que su seguridad se apagaba. Y su imagen menguaba a medida que su denuncia desaparecía para centrarse en otro testimonio.

Ya no era más la mujer en vías de liberación que reclamaba sus derechos, ahora era una gorda que había entretenido con su estupidez al personal. Y en el tránsito entre la gloria y la congoja debió tomar, injustamente, conciencia de ello.

La gloria efímera de una burla que, a buen seguro, no debieron de perderse su madre, sus amigos y el que le vendió un vestido negro de dos tallas menos.

Sólo volvimos a verla en el monitor central cuando la cámara enfocó, unos minutos después y para todos los espectadores en su casa, la amargura y el rímel involuntariamente corrido en su rostro.

A buen seguro que alguien había logrado continuidad como tertuliano, y no era, precisamente, la chica que saludaba con una sonrisa. La chica que creyó que ella era el motivo.

La prostitución es indigna

—¡¡¡Joder, es que parece que yo no pueda hacer con mis genitales lo que me salga de los mismos!!! —dije indignada—. ¡Parece como si mi vulva fuera propiedad del Estado...! —rematé.

—El coño de Valérie como un bien de uso social... tía, eso sí que es una buena orgía... —dijo él, aspirando, adormecido, el humo de aquel exótico cigarrillo.

Durante una conversación, en casa, tras la publicación de *Diario de una ninfómana*.

Cuando la conocí, trabajaba en una planta envasadora de pescado. Su contrato de treinta días concluía aquella semana. Cada dos horas tenía cinco minutos para poder fumar un cigarrillo. El gorrito de papel se le pegaba al cabello como una peluca rígida de los cincuenta. El resto del uniforme, que debía preservar bajo su responsabilidad al menos treinta días, la convertía en un elemento más, con una identidad difícil de rescatar de la del resto de las envasadoras. Ello no impedía que el encargado de planta la mirara bien, quizá con la promesa de treinta días más. La jornada de ocho horas se extendía a doce (seis cigarrillos al cambio). Nadie la obligaba a ello. Nadie salvo, quizá, un marido de baja por depresión crónica, un alquiler más alto que su salario, los lápices de colores prometidos a su hijo y el hacer méritos profesionales evitando pasar por las manos del encargado. De todo, lo más complicado era eliminar el olor a pescado cuando regresaba a casa.

Me lo contó en la Feria del libro de Madrid de 2006 en El Retiro. Había comprado mi último libro y quería que se lo dedicase: «A Desiré, con cariño». Me preguntó, entre tímida y esperanzada, lo que podía hacer para recuperar el deseo que su pareja había perdido, mucho tiempo atrás, por ella. Le respondí con una fórmula estándar, de esas que no sirven para nada pero que quedan bastante bien.

La cola de gente esperando saludarme frente a la caseta era, en aquel momento, considerable.

La dignidad empieza a asociarse al sexo cuando se sacralizan los genitales. Cuando los genitales de uno pasan a ser propiedad de la comunidad (religiosa, social o política) y su uso, regulado por las leyes de ésta. Intuyo, y ésta es una propuesta que lanzo, que posiblemente en los inicios de este proceso de identificación genital/dignidad vía sacralización tiene mucho que ver la Virgen María. En el origen del mito de la virginidad de María resulta instructivo leer a autores como Arnheim que atribuyen el «fenómeno» de María a una mala e intencionada traducción del hebreo al griego (la lengua que hablaban todos los exegetas de la figura mesiánica). En la Edad Media, el «amor cortés», con su casto sentido del *amour de loin* (del amor por la «mujer concepto», por la que no se «encarna») y el nacimiento del culto mariano (la Virgen María hasta entonces había sido sólo una figura más o menos devocional del imaginario cristiano, pero es en la Baja Edad Media donde se le empiezan a consagrar iglesias y catedrales y cuando comienza a aparecerse su imagen) aposentan esta obligación de la virtud genital. Sea como fuera, en esos órganos que llamamos genitales parece que habita en las mujeres, como un huésped gorrón al que nunca le llega la hora de irse, la dignidad.

Me alegró recibir un e-mail de ella unas semanas más tarde. Una dirección de correo electrónico que figuraba en la solapa de mi libro le facilitó el acceso. Me contaba que le habían rescindido el contrato en la planta envasadora, pero que, en apenas diez días, la ETT la había colocado en una nave empaquetando ositos de peluche. No había un solo reproche hacia el mundo en sus comentarios.

No es extraño que me contacten ignorantes que apestan con su amargura y su rencor, sólo porque son capaces de imaginarse un devenir mejor. Personas que culpan a los demás de que los cuentos de hadas no se cumplan y que con una enorme agresividad hacia la vida y hacia los que la pueblan son incapaces de encontrar ninguna responsabilidad propia al haber escrito en su fantasía una historia que no es la suya. Gentes que, en ocasiones, me ponen en el punto de mira de sus deseos oníricos y que cuando la realidad les coloca en su verdadera vida mediante un, por ejemplo, «perdona, pero no voy a ir contigo a tomarme una copa», reafirman su naturaleza de odio e ignorancia acusando a cualquiera, al lechero, al IPC, a Valérie Tasso, de no darles lo que sólo han imaginado. «¿Pero cómo es posible que me desprecies, con lo que yo estaría dispuesto a darte?»

Pero éste no era el caso de Desiré. Para ella yo era una ficción, casi cinematográfica, que le permitía evadirse, aunque fuera durante el tiempo de una línea, de una realidad que aprieta como un garrote vil. Concluía la nota dándome las gracias por haberla atendido en Madrid. Y por haber sido amable con ella.

La dignidad es una entereza individual que consiste en preservar su propio código de valores, por extraña, difícil o absurda que la vida se presente. La dignidad no tiene sitio, ni colectivo, ni plural.

No existen, por ejemplo, unos genitales que preserven la dignidad, no existe una dignidad «femenina» y no existen «dignidades» adaptables a las circunstancias, aunque sí exista, como en todo lo que nos conforma como humanos, una evolución en la escala de valores que la soporta.

Leí, de jovencita, que ocurría, en ocasiones, que personas inteligentes tenían dignidad, pero que a los idiotas no les faltaba nunca. Y sucede muchas veces que los que pontifican desde la palestra de la moral son de este segundo tipo. Indigno es el político corrupto que bajo la excusa del bien común sólo procura el propio, indigno es el moralista que mientras mortifica la carne de los demás se acerca a los niños para tocarles la «regaderita», indigno es el que justifica desde su *chaise longue*, procurando que no se le enfríe el té, que digno es estar doce horas al día agachado de rodillas en una cadena de montaje apretando un tornillo, delincuente es el que por un beneficio personal obliga a un segundo a realizar una actividad que no encaja en su código de valores e ignorante es el progresista que cree, como los buenos fascistas, que para salvaguardar una «dignidad de género» hay que inhabilitar la capacidad individual para decidir qué es digno para uno y qué no.

Los ositos de peluche duraron veintitrés días y la empresa de trabajo temporal tardó dos meses en buscarle destino.

La prostitución es una actividad profesional que consiste en ofrecer un servicio de carácter sexual a cambio de una retribución económica. Con frecuencia esta prestación de servicios implica un contacto genital, si bien esta particularidad no es definitoria del ejercicio de esta actividad. Puede ser ejercida de manera libre y voluntaria (aunque los mecanismos morales, judiciales y fiscales de nuestra comunidad no lo contemplen) y puede ser, precisamente por el marco moral en que se ejerce, inducida o forzada, aunque esta posibilidad tampoco es definitoria de la actividad.

Se establece, en la prostitución, un contrato en el que una persona de determinadas cualidades ofrece, durante el tiempo acordado, un «talento» en asuntos amatorios a cambio de una contraprestación económica preestablecida. Con relación a la inmensa mayoría de actividades profesionales —agente de bolsa, albañil, guía turístico, futbolista...— lo único que la puede diferenciar no son unas específicas relaciones de dominación o sumisión entre cliente y persona contratada, unos horarios extraños o unas retribuciones variables, sino exclusivamente el ocasional uso de una parte u otra de la anatomía del prestador.

Recibí, tres días antes de escribir estas líneas, un último correo de Desiré. Su compañero había encontrado un empleo temporal como asistente de cocina en un restaurante de la zona. Confiaba en que con ello quizá pudieran devolver el préstamo personal al consumo que habían solicitado para pagar el anterior y, lo que era tan importante, quizá su compañero recuperaría la libido perdida. Además llevaba dos meses ya montando la escobilla derecha del parabrisas en una cadena de montaje y le habían prometido que al tercero la harían fija. Rebosaba optimismo, aunque temía por sus índices de productividad; en el tiempo que ella montaba dos, algunos compañeros podían montar tres. La prórroga de su contrato para el segundo mes concluía la semana entrante y no le habían dicho nada. El próximo martes sabría algo.

Drieu de la Rochelle era un intelectual francés, fascista y colaborador con los nazis durante la Ocupación. Se suicidó en un segundo intento. En su obra *L'homme à cheval* escribió: «Sólo he encontrado la dignidad de los hombres en la sinceridad de sus pasiones».

Desiré es una luchadora que ejemplifica, como mucha otra gente, mucho más allá de discursos escritos sobre papel, lo que es y lo que implica la dignidad. Que soporta con entereza y ánimo las dificultades de su vida real, además de soportar a tipos de Yale que en sus comidas de ex alumnos de niños riquitos, de padres más riquitos, dicen que la suerte no existe, que hay que saber generar las circunstancia y que quien no las genera es porque es un incapaz o un holgazán.

Y la Virgen María es... la Virgen María.

Quien se prostituye vende su cuerpo

—*Póngame un café y una pasta de manzana* —*dijo con seguridad.*
—*Disculpe, Sr. Muñoz, pero esto es una óptica...*
—*Coño, entonces va a tener razón mi mujer. Bueno, pues... póngame unas gafas* —*afirmó manteniendo la seguridad.*
Situación real vivida en una pequeña óptica de una población catalana y protagonizada por un bromista con mucho talento.

Quien cree que alguien puede vender su cuerpo es porque estaría dispuesto a comprarlo. No me cabe otra explicación.

«Sobre la colina de Anfa existía una pequeña casa encalada», me dijo, mientras acariciaba mi pecho suavemente con sus dedos. Rachid era un empleado del hotel Le Royal Mansour, donde yo me alojaba con Hassan. Estar con una huésped occidental en aquella pequeña habitación de su casa le hubiera supuesto el despido inmediato; «levantarle» la compañía a alguien como Hassan podía salirle bastante más caro. Aun así, Rachid optó por arriesgarse.

«Los marinos portugueses la llamaban la Casa Blanca. De ahí toma el nombre mi ciudad.» Interrumpió el tránsito de nuestras manos la llamada de una voz desde lo alto del minarete. Sin dudarlo un momento se apartó de mi lado, arrodilló su cuerpo sobre una pequeña alfombra y, dándome la espalda, recitó versículos del Corán.

Al día siguiente quería enseñarme el mercado central.

Durante el tiempo en el que ejercí la prostitución, topé con clientes de todo tipo. Tontos hubo muchos, debo confesarlo, pero ni siquiera el menos capacitado de todos ellos, creyó, ni por un instante, que en la retribución por los servicios que iba a prestarle llevaba implícito el comprar mi cuerpo. Posiblemente entre algunos pocos, muy tontos también, de los que se emparejan vía sacramento del matrimonio la cosa no queda tan clara. En el contrato matrimonial, perfectamente regulado y aprobado por nuestro orden moral, quizá debería incluirse una cláusula o una fórmula, civil o eclesial, en el que figurara explícitamente tal excepción de compromiso.

Los árabes lo llaman *Suq*. El de Casablanca no es, al menos cuando yo lo visité, uno de los zocos más espectaculares de Marruecos; sin embargo, cualquier mercado árabe merece un paseo y el de Casablanca también. La oferta es variopinta y multicolor, desde langostas del Atlántico debatiéndose por volver al océano a flores de nombres exóticos que, por mucho que Rachid se esforzó por repetírmelos, nunca me acabé de aprender. No compré nada. Pero si hubiera podido llevarme algo a casa, sería el olor intenso, amplio y culto de aquel mercado. Dejé que Rachid oyera mis divagaciones.

«Hay cosas en los mercados que son el mercado, pero no se compran», me dijo en su peculiar francés aquel mozo de hotel que interrumpía nuestra caricias cada vez que el muecín llamaba a la oración.

En la prostitución, el cuerpo no se vende, se emplea. Esta obviedad nadie la pone en duda en cualquier otro tipo de profesional que tenga como herramienta de trabajo su cuerpo (actor, futbolista, modelo...). Pero, además, hacer creer que en la prostitución se venden cuerpos, más allá de ser absurdo, tiene un componente de indiscutible riesgo: el que alguien se lo pueda creer.

En el colegio me enseñaron que la metonimia era aquella figura retórica en la que, por ejemplo, una parte designaba al todo o una causa al efecto. Si el cuerpo es la parte de un todo llamado prostituta, pasa a entenderse que lo que se vende no es ya sólo el cuerpo de la prostituta, sino la prostituta entera. Pero a la prostituta no se la compra, se la contrata.

Si en el discurso social se entiende que los cuerpos (o las almas o las madres) son material de comercio, ponemos en alto riesgo el elemento de transacción (los cuerpos, las almas o las madres), no porque se pueda llevar a cabo la venta, sino porque alguien puede creer que ha comprado algo que no se puede comprar. Damos títulos de propiedad y libre disposición, para que el que se pueda creer comprador haga lo que le plazca con el elemento «adquirido».

Rachid veía pasar desde la entrada a las bailarinas eróticas que nos amenizaban, a Hassan y a mí, algunas veladas. Hassan era un hombre poderoso que podía permitirse el lujo de contratar los servicios sexuales de estas bailarinas, las actividades de las cuales despertaban, indefectiblemente, su libido. Las chicas venían, contoneaban con enorme maestría sus caderas, descubrían sus encantos al son de una música que sonaba en el HIFI de la suite, cobraban y se marchaban. Después, Hassan y yo, a solas, completábamos el número.

Es una vieja estrategia de dominación el crear un problema para presentarse como el único capaz de resolver este problema. Se crea el pecado al mismo tiempo que se inventa el profesional responsable de expiarlo. O quizá sólo unos minutos antes...

El eslogan «quien se prostituye vende su cuerpo» no proviene siempre de los púlpitos, sino de los estrados. Es un argumento, el que encierra el enunciado, más civil que eclesiástico. Más político que religioso. Siguiendo la máxima «Al César lo que es del César y a Dios lo que es de Dios», parece que en el reparto, el cuerpo de las prostitutas se ha quedado del lado del César.

Lo que resulta curioso es que, además de los de siempre, existan usuarios de esta máxima, y de muchas otras, en el campo ese que está, o al menos estaba, a la izquierda de la Asamblea Constituyente. O en el de las feministas «progresistas» de más rancio cuño que si antes abogaban por añadir derechos (fundamentalmente) ahora parecen hacerlo por restarlos (derecho a la libertad individual, por ejemplo). Porque cuando se utilizan expresiones como «quien se prostituye vende su cuerpo» con vistas a prohibir o abolir la prostitución, de lo que se está hablando no es de prostitución, sino de la libertad individual; libertad individual para no ser obligada por nadie a ejercerla o para ejercerla por decisión propia.

No soy, quien me conoce lo sabe, una proselitista de esta actividad. Nadie, ni de manera pública ni privada, me ha oído recomendar nunca el ejercicio de la prostitución en el actual marco moral y político. Soy incluso capaz de soñar un mundo mejor, en el que la prostitución no exista, porque cada cual pueda desarrollarse como persona sexuada en condiciones de beneficio común, sin oscurantismos, sin daños ni condenas. Pero ese mundo, creo muy humildemente, pasaría por el respeto profundo a la libertad individual de los otros, porque nos devuelva el César lo nuestro que gestiona como propio y por desoír a las gentes que piden un café en una óptica sin saber que están haciendo un chiste.

Hay que legalizar, prohibir o abolir la prostitución

Los dioses no han hecho más que dos cosas perfectas:
la mujer y la rosa.
SOLÓN

El ateniense Solón nació en el 638 a. C. Es uno de los legendarios siete sabios de Grecia. Una de sus aportaciones fue dotar a Atenas de una Constitución, única en el mundo heleno, que permitió que no sólo la aristocracia tuviera capacidad política. Otra fue la de fundar los *dicteriones*, casas de lenocinio (conocidas ahora como prostíbulos), que se gestionaban desde el Estado. Solón, además de posiblemente el primer demócrata, fue el primer administrador de un burdel público.

Sabemos que, en la Grecia antigua, la mujer no era especialmente bien considerada. Sus derechos civiles eran escasos y sus responsabilidades públicas, nulas. Sólo una categoría de mujeres tenía acceso a una importante riqueza, que podían administrar sin la supervisión de un varón, y conseguían, a través de sus dotes diplomáticas, cierta influencia social y política. Eran las *hetairas*, el eslabón más alto de las distintas meretrices que laboraban en las ciudades Estado griegas. Prostitutas libres, con un espacio propio donde ejercer su labor, culminaban una «escala social» de meretrices por encima de las mujeres libres, que debían ejercer en la calle, y las mujeres esclavas o vendidas, las *pornai*. Con estas últimas, Solón fundó los lupanares públicos.

Sólo una de las ciudades Estado griegas se jactaba de no tener ninguna prostituta en sus dominios. Era la militarista Esparta. La única que no adoptó el sistema democrático (pese a que tuviera, en algún momento de su historia, una asamblea popular exclusivamente formal), la única de la que no se conservan restos artísticos, la misma que arrojaba desde acantilados a los niños nacidos débiles, la que hizo de la mujer una madre sana que engendra hijos para el Estado, la única que hizo del amor un compromiso eugenésico. La que adoptó como divisa: «Vuelve con el escudo o encima de él».

La Historia, más que historias, propone modelos que se le presentan a nuestro futuro.

Legalizar es aceptar condicionalmente. Regularizar legalmente una actividad.

Hacer de ella un acto común, darle carácter de «lo que se puede hacer», siempre que respete en su funcionamiento el marco jurídico que establece su legalización. Cuando se legaliza una actividad hasta entonces penada, el rango de legalización permite su despenalización.

Prohibir es impedir. Imposibilitar el uso y penalizar reglamentariamente cualquier nivel de ejecución de lo prohibido.

Abolir es eliminar, desterrar del marco legal y de uso lo abolido. Se puede abolir el precepto, la actividad o la ley que ha caído en desuso, lo que no ha cesado debe prohibirse en espera de que la represión punitiva haga que caiga en desuso.

Se puede abolir la ley que obligaba a las damas a empolvarse la cara con polvos de nácar antes de salir a la calle, porque ya nadie se pone polvos de nácar, pero no se puede abolir orinar en un sitio público, en tal caso hipotético, habría que suprimir los urinarios públicos y «prohibir» (no abolir) la meada en lugares públicos, sancionando al infractor meón que se arrimara a un árbol.

El programa de televisión se desarrollaba sin ningún inconveniente. Se me había convocado para dar mi opinión sobre el hecho de la prostitución. El presentador, un «guapito» muy popular en los medios, me escuchaba con los ojos muy abiertos, el *catering* había sido generoso, me habían dado camerino propio, el maquillaje correcto impedía que mi piel, como es habitual, brillase más que yo, y las preguntas eran lo suficientemente estúpidas como para no inquietarme.

Las tres acciones, legalización, prohibición o abolición, son acciones «sociales», determinadas por el conjunto de la ciudadanía para el conjunto de la ciudadanía. Individualmente uno no legaliza, prohíbe o abole un acto propio. Las tres acciones conllevan una valoración moral de lo sujeto a ser legalizado, prohibido o abolido. La legalización supone tolerancia, la prohibición, rechazo y la abolición, exterminio. Frente a las tres tomas de posición, una imagina, diferenciados, a los que las ejecutan: legalizar es asunto de juristas, prohibir remite a policías y abolir, a moralistas.

Sin duda, abolir es el más «moral» de los tres términos. Comporta, más allá de la prohibición de uso, la condena moral de conciencia; por encima de penalizar, la acción persigue la «limpieza» de cualquier vestigio que de la actividad abolida quede en la conciencia. La lógica de abolir es la estrategia de la tierra quemada, de la limpieza ética, para llegar a hacer de lo abolido algo inimaginable. Dice un proverbio judío que, cuando a uno le dan dos opciones, debe elegir siempre la tercera. Personalmente, creo que cuando te dan tres, siempre hay que buscar la cuarta.

La verdadera revolución en la aceptación y el entendimiento de la prostitución pasa por la rehabilitación ética de la prostituta. De nada sirve hacer pública a la mujer pública, mediante la regulación legal, si no se reconstituye su imagen moral. En lugar de decir en la tienda de comestibles: «Ésa es una puta», se dirá: «Ésa es una puta que paga impuestos». ¡Pobre recompensa para una puta que sigue siendo considerada puta!

Hay presentadores de televisión que son como psicoanalistas. Cuando finalizas una afirmación, ellos la repiten en forma de preguntas o en forma de afirmación.

—He soñado con un pantano seco en el que beben diez docenas de suboficiales calvos.
—¿Diez docenas de suboficiales calvos...? —repiten ellos.
—Sí, pero prusianos.
—Claro, prusianos —concluyen.

Éste era uno de ellos. Al concluir la entrevista, alabó, como buenamente pudo, mi defensa de la libertad individual como valor único que debían perseguir las (normalmente son «las») que se presentan como ejército de salvación de los derechos de la mujer. Aplaudió el concepto de la dignidad que yo defendía como defensa de los valores propios y no del uso de los genitales, asentía con la cabeza cuando yo explicaba que la prostitución era un ejercicio y no una condición de por vida y convino conmigo en que había que rehabilitar la imagen moral de la prostituta empezando por no diferenciarlas o estigmatizarlas señalándolas con el dedo. «Claro, hay que rehabilitar la imagen moral de la prostituta...»

Fue entonces cuando, más relajada, me vi por primera vez en el monitor central. Bajo mi rostro sonriente y sin demasiados brillos, pude leer el rótulo que me había acompañado durante toda la entrevista: «VALÉRIE TASSO: EX PROSTITUTA».

Me pareció que sintetizaba perfectamente lo que yo había dicho y que contradecía totalmente todo lo que el entrevistador afirmaba como que había que evitar. Le hice un gesto:

—Perdona, «ex prostituta» se escribe con «t» en la última sílaba y no con «d»... Puedes empezar a rehabilitarme por ahí.

Lo de «gilipollas» que vino a continuación lo murmuré, no sé si él o el director del programa, gilipollas también, lo oyeron, pero al técnico de sonido todavía le deben de silbar las orejas.

Mi apunte final no se vio en la emisión diferida, pero el rótulo quedó perfectamente escrito.

Las (siempre suelen ser «las») abolicionistas que pretenden abolir la prostitución y mandar a las meretrices a limpiar escaleras (o a servirles café) en nombre de la libertad y la igualdad de género tienen un argumento recurrente: el de la esclavitud.

Es como un estribillo de la cancioncilla en el que el resto de la letra que conforma su argumentación lo forman estadísticas y más estadísticas (posiblemente extraídas de *L'Osservatore Romano*) que reflejan estrictamente y a la perfección, única y exclusivamente, lo que dicen sus estadísticas.

En la prostitución, como actividad genérica, existe una prostitución forzada, en la que mujeres, y en menor medida hombres, son obligadas a ejercer esta actividad contra su voluntad. Ese delito de inhumanidad sólo puede generarse al amparo de la prohibición, de la condena a la ilegalidad. En un entorno regularizado, los mafiosos desaparecen o devienen empresarios, los trabajadores se acogen a convenios que regularizan sus horarios, sus obligaciones y sus retribuciones, la demanda se canaliza hacia los prestadores que ofrecen garantías de profesionalidad y uno tiene derecho a dimitir cuando le place y a no seguir siendo toda su vida ex prestatario de ese servicio.

Sólo lo tapado se pudre, sólo se marginaliza lo que no se atiende y sólo se duerme bajo un puente quien no recibe cobijo. El desamparo que procuran los verdugos lo recogen los explotadores. Esto lo sabe todo el mundo, salvo quizá aquellos a los que no les preocupa la mujer, sino la moral pública.

El tráfico de mujeres y la explotación no definen la actividad de la prostitución, son sus pozos muertos, nacidos, exclusivamente, de un mal sistema de alcantarillado. Del mismo modo que el esclavismo y la explotación de trabajadores en plantas desterritorializadas no define los sectores empresariales de las multinacionales que perpetran esa ignominia. Nadie, las abolicionistas tampoco, propone abolir el sector mobiliario, el del calzado o el de la confección.

La sarna no se cura eliminando al perro, cuando así se pretende, es porque lo que se detesta no es la sarna, sino a los perros. Abolir la prostitución no es acabar con la posibilidad de esclavitud, es querer acabar con las prostitutas.

No se puede abolir la brujería, sólo se puede quemar a las brujas. Eso también lo sabe todo el mundo, empezando por las abolicionistas, que a lo mejor temen, entre brujas y putas, la competencia.

Licurgo, el espartano, murió aproximadamente cuando nació Solón. A él se deben los principios fundamentales del régimen estatalista espartano; la supresión de los intereses y emociones privadas frente a los intereses del Estado, la estructuración social militarizada desde la infancia hasta la muerte y la castidad como exigencia de Estado.

Mientras, cuando escribo estas líneas, en las pantallas se emite *300*, de Zack Snyder, la cinta épica que cuenta como en un cómic —para que los niños se queden bien con la copla— el quehacer lacedemónico en la batalla de las Termópilas.

El renacer de Esparta, en nombre de la libertad y la democracia.

Se cuenta un chiste:

—¿Qué es la democracia?
—Hacer lo que te da la gana sin molestar a los otros.
—¿Y si no te da la gana hacer nada?
—Pues, joder, ¡ya te obligarán!

A veces, la historia cuenta chistes que sólo el canalla comprende... y a las putas y a los libres les hacen muy poca gracia.

Las fantasías sexuales se pueden realizar

> *(...) Tampoco le pareció a Alicia que tuviera nada de muy extraño que el conejo se dijera en voz alta: «¡Ay! ¡Ay! ¡Dios mío! ¡Qué tarde voy a llegar!» (...) pero cuando vio que el conejo se sacaba, además, un reloj del bolsillo del chaleco, miraba la hora y luego se echaba a correr muy apresurado, Alicia se puso en pie de un brinco al darse cuenta repentinamente de que nunca había visto un conejo con chaleco y aún menos con un reloj de bolsillo.*
>
> LEWIS CARROLL
> Alicia en el país de las maravillas

Cuando nos preguntamos: «¿Qué me apetece hacer?», responde nuestro deseo. Cuando nos preguntamos: «¿Qué soy capaz de imaginar?», responde nuestra fantasía. La fantasía es al deseo lo que la ropa es a cómo me visto.

Tomemos un ejemplo:

Son las dos de la mañana y debo madrugar para ir al trabajo. Intento conciliar el sueño, pero la música que tiene puesta mi vecino me lo impide. Mi deseo representa a mi vecino parando la música.

Mi fantasía me representa a mí misma tirando al vecino por el balcón (después, naturalmente, de que le haya metido el aparato de música y los discos de Shakira por el culo).

Muy probablemente, lo que haré será llamar a su puerta y pedirle que baje la música que me impide dormir. Si, en el momento en el que me dispongo a llamar a la puerta de mi vecino, algún reportero obtuso me pregunta: «¿Qué fantasía le gustaría realizar?», le tendría que decir que ninguna, que lo que me gustaría realizar es mi deseo de que mi vecino haga que la música cese... e, inmediatamente, fantasearía con meterle a éste el micrófono por donde, al otro, le habrían cabido los discos. Aunque, probablemente, lo que haría sería explicarle cortésmente que las fantasías no son realizables, precisamente porque son fantasías y no deseos.

La fantasía y el deseo sexuales son representaciones mentales de carácter narrativo que se generan apoyándose en nuestra capacidad imaginativa. Ambos son sustanciales en nuestra condición de seres sexuados; son la escritura del sexo, su lenguaje, mientras que la interacción sexual, el encuentro («follar» para los prosaicos), no es más que la puesta en escena de esa escritura. Igual que *Esperando a Godot* es la obra, y la función que empieza a las diez en el Teatro Nacional es «sólo» una puesta en escena de la obra de Beckett.

El deseo sexual explora nuestro imaginario erótico para nutrir esa puesta en práctica del sexo. En su tarea de composición de un deseo concreto, examina nuestro código de valores y decide, a través de él, que lo deseado es apto para ponerse en práctica. Sin embargo, la fantasía sexual nos enseña hasta dónde podemos llegar, a qué sabe el límite. La fantasía es el mapa mundi de nuestro imaginario y en su labor de redacción, no se somete a código moral alguno, por lo que rebusca sin miramientos en la caja de los miedos y saca al teatrillo, cuando le apetece, a los fantasmas; a los actores de la fantasía. La fantasía sabe que se lo puede permitir, porque su obra nunca va a ser representada. El deseo erótico excita, mientras que la fantasía erótica «propone» que nos excitemos. Por tanto, el deseo sexual es realizable a poco que las circunstancias de nuestra vida lo permitan. Tiene nuestra aprobación moral y nuestro ánimo. La fantasía sexual nunca es realizable, si de nosotros depende, y ni siquiera es muchas veces «confesable». Para realizar una fantasía, ésta debería haberse convertido en un deseo y por lo tanto ya no sería una fantasía.

La fantasía es la visión del paisaje y el deseo es el encuadre de la foto que queremos conservar.

El piloto rojo del estudio se encendió. Respiré y comencé la lectura:

Al mismo tiempo, nos imaginábamos acostándonos con Marcela, con el vestido arremangado, pero calzada, en una bañera medio llena de huevos, ante cuyo aplastamiento ella se mearía...

Continué leyendo el párrafo que había seleccionado de *Historia del ojo,* de Georges Bataille. Cuando concluí la lectura, sonó el tango que servía de inicio al programa. Carlos me saludó en antena, me presentó a los oyentes y anunció el tema que yo pensaba abordar esa madrugada: «Las fantasías eróticas y el deseo».

Por eso leí esa fantasía que el personaje tenía, dentro de la inmensa fantasía de Bataille que era *Historia del ojo*. Eran las cuatro de la mañana y estábamos emitiendo en directo en las instalaciones de Radio Nacional de España.

La fantasía sexual y el deseo erótico son estrictamente personales, porque es el exclusivo «yo» deseante el que los escribe, apoyándose en un tiempo, una circunstancia y un código ético. Cada fantasía y cada deseo que se formula tienen, por tanto, un tiempo y una circunstancia propios e intransferibles a cada uno de los que los generan. El que la «ensoñación» que se relata sea una fantasía o un deseo depende del código moral del «ensoñado» en el momento en el que la genera. Una fantasía para una persona puede ser un deseo para otra. Lo que para una persona puede ser una fantasía en un momento determinado de su existencia puede convertirse en deseo en otro.

Ser prostituta y devenir un «objeto de deseo» para unos «otros», múltiples y anónimos, es una fantasía recurrente en muchas mujeres, pero ahí se queda normalmente, en la fantasía, pues los sistemas de valores de la mayoría de las mujeres que fantasean con eso no les permitirán nunca convertirlo en deseo.

En mi caso, cuando cumplí los treinta años, ejercer la prostitución fue un deseo, que las circunstancias personales que atravesaba me permitieron realizar. Cuando tenía once años, el sexo oral era, para mí, una fantasía erótica. Cuando cumplí los dieciséis, era ya un deseo. La fantasía erótica de imaginar a mis padres copulando era una fantasía de niña... y sigue siendo una fantasía de adulta. Nunca, ni antes ni ahora, he deseado ver a mis padres fornicando, aunque haya fantaseado con ello.

Al día siguiente de la emisión, se produjeron bastantes reacciones a mi lectura y mis opiniones del día anterior. Una de ellas fue especialmente vehemente. Un oyente habitual del programa que buscaba hueco en el teléfono día sí y día también manifestó su repugnancia hacia ese «monstruo corruptor» que era yo. Se indignó por cómo alguien que tenía facilidad para expresarse podía mencionar en antena, durante la lectura del texto de Bataille, palabras como «verga», «ano» o «pezón» (la lista de sustantivos fue mucho más larga y, o bien la excitación del oyente escocido le hizo tomar notas, o bien conocía el texto de memoria). Acusó también al conductor del espacio de pederasta por haberle propuesto a otro oyente joven, que manifestaba dudas sobre sus deseos, que escuchara mi sección. Y pidió que, públicamente, me retractara de la «monstruosa ofensa a las buenas costumbres» que yo había proferido.

Carlos, por lo que me contaron, aguantó el chaparrón como pudo. Los buenos presentadores como él tienen la suficiente educación de no recomendar el uso erótico de los enemas a los oyentes que llaman, por muy estreñidos que éstos puedan estar.

La semana siguiente, cuando se me dio la posibilidad de contestar al oyente, rechacé el ofrecimiento. Es imposible corromper a un corrompido y no se le puede quitar el miedo a un miedoso. Debían de ser muchos los años que el oyente ofendido llevaba reprimiendo sus fantasías y, en el fondo, creo que yo formaba parte protagonista en alguna de ellas.

Se puede entender que confundir deseo con fantasía sea un enredo inocente. Pero yo creo que no. Si no somos capaces de hacer claramente la diferencia entre lo que somos capaces de llegar a imaginar y lo que queremos hacer, es porque a alguien le interesa que confundamos uno con lo otro... y le interesa mucho. Si nuestros mecanismos de control social nos culpabilizan por lo que fantaseamos y nos hacen creer que lo que fantaseamos es lo que deseamos, y vamos a ejecutar en cuanto podamos, seremos sujetos temerosos de nosotros mismos a los que nos podrán manejar y controlar con mucha más facilidad. Seremos elementos necesitados de grandes dosis de moralina en vena para que el «monstruo» de nuestras fantasías no se apodere de nosotros, y la moralina, como el miedo, nunca han sido grandes amantes del conocimiento. Pero el fantasear con que asesino a mi vecino no hace de mí un asesino. Lo que fantaseamos no nos convierte en lo que fantaseamos.

Carroll, por si a alguien le queda alguna duda, no deseaba ver a un conejo parlanchín con chaleco y reloj de bolsillo. Ni era un loco que veía en su habitación sonrisas que habían perdido a su gato. Y es más que probable que sólo deseara que la niña Alicia Liddell escuchara su cuento, aunque quizá, también, fantaseara con ella.

Los afrodisíacos existen

> *¡Vamos, célebre Odiseo, gloria insigne de los aqueos! Acércate y detén la nave para que oigas nuestra voz. Nadie ha pasado en su negra nave sin que oyera la dulce voz de nuestras bocas, sino que ha regresado después de gozar con ella y saber más cosas.*
>
> HOMERO
> La Odisea
> Canto XII. Las sirenas

Cuentan que Lucrecio escribió *De la naturaleza de las cosas* en los escasos momentos de lucidez que le dejaban los efectos de un filtro amoroso. Al acabar el poema, y posiblemente en otro momento de cordura, se quitó la vida. Debía de correr el siglo I antes de nuestra era, aunque de su existencia poco más se sabe.

El relato de la vida de Lucrecio se lo debemos fundamentalmente al eremita cristiano san Jerónimo, padre de la Iglesia, gran latinista y creador de la Vulgata (la traducción al latín de la Biblia). Las particularidades de la vida de Lucrecio, de la que sólo el devoto Jerónimo tuvo noticias, debieron de serle, entre los espejismos del desierto, reveladas. El cómo este tratado poético del saber epicúreo y de la física materialista de Demócrito sobrevivió a la Edad Media es un misterio.

Se cuenta también que, probablemente, el poeta de las «galanterías», Catulo, y el elegíaco Propercio, también perecieron por la ingesta de bebedizos amatorios.

Sorbí el té despacio.

Las turbulencias me incomodaban. Volvía de Madrid, de realizar mi última colaboración en un programa de televisión para una cadena de ámbito nacional. Habían rescindido mi participación porque, como explicó bien el director del programa, el espacio, pese a la alta audiencia, necesitaba más espectáculo y menos «rigor». Toqué el botón de aviso de la azafata y le pedí que me retirara el té.

La alquimia también se preocupó mucho de los procesos de transmutación de las materias viles en nobles, de la conversión de estados espirituales primarios en elevados o de la completa salud y la larga longevidad de los cuerpos. En todas estas técnicas desempeñaba un papel esencial el polvo de una piedra roja a la que se le dio el nombre de «piedra filosofal». Los alquimistas la buscaron durante siglos con ahínco, sin que se tenga constancia de que la llegaran nunca a encontrar. La búsqueda de la «piedra filosofal» fue la entelequia que permitió que la alquimia continuara existiendo. Lo significativo y hermoso de la alquimia fue, como sucede con el psicoanálisis, el camino y la literatura que se generó andando tras la piedra, mucho más allá de unos resultados que nunca llegarían.

Cerré los ojos e intenté tranquilizarme. En mi misma fila de asientos, pero cuatro plazas más allá, con el pasillo de por medio, un hombre de mediana edad hojeaba una revista. Intenté que mi pensamiento se centrara en el rítmico sonido de las hojas pasando. Desconozco qué mecanismo inconsciente desencadenó aquello, pero lo cierto es que, a medida que se iban pasando las hojas y simplemente con el ruido cadencioso que producían, mi libido se disparó. No es que yo me apoyara en aquel sonido para fantasear con un encuentro sexual. No es tampoco que me excitara la imagen de aquel hombre, al que en ningún momento presté atención. Era única y exclusivamente ese sonido el que me estaba poniendo como las turbinas del avión.

Imploré mentalmente para que la revista tuviera mil páginas. Pero el paso de las hojas se detuvo. Abrí los ojos y pude ver al pasajero dejando la revista en la pequeña guantera del asiento delantero. Dudó un instante, pero finalmente extrajo otra revista que empezó a hojear. Volví a cerrar los ojos. Mi ardor recobró su ímpetu con más fuerza que antes.

Los afrodisíacos son los frutos que ofrece Afrodita. De ellos, lo único que de verdad existe es la creencia de que existen. De antiguo se ha querido dar con estas sustancias milagrosas que, manejadas a voluntad, hacían caer a las mujeres rendidas y daban a los hombres vigor para satisfacerlas. Siempre hemos soñado con el botón, con el punto, con la secuencia. Siempre hemos soñado con un ser humano articulado a voluntad, manejable, dócil y sumiso.

En el camino, se ha encontrado, por ejemplo, el cuerno de rinoceronte o las ostras, que tienen exclusivamente de estimulante la asociación visual que se puede establecer entre ellos, los genitales masculinos, en el cuerno, y femeninos, en los bivalvos (si bien es cierto que el cuerno de rinoceronte es un inmejorable estimulador de la adrenalina, aunque únicamente cuando nos persigue a la carrera y lleva al rinoceronte pegado a él).

En la era de los descubrimientos, a los alimentos exóticos a nuestra cultura, que por raros no sabíamos ni si se podían comer, se les atribuyeron cualidades estimulantes. El jengibre o el cardamomo, la vainilla, el guaraná, la canela, la nuez moscada, la pimienta o el cacao sirvieron, entre otras cosas, para creer que si alguien no se estimulaba con ellos, era porque ya le había pillado el rinoceronte.

La semana siguiente, Carla me llamó. «¿Estás viendo la tele?» Le respondí que no. «Pues enciéndela...», me propuso.

La chica, qué duda cabe, era mucho más guapa que yo. Tenía un talle exuberante, lleno de curvas y un vestido cortito muy ceñido que marcaba un escote en el que se podían perder varios. Sentada de medio lado sobre una estrecha silla que hacía que sus generosas nalgas se desbordaran por los costados, se esforzaba por defender las virtudes de los afrodisíacos. A su lado, en una mesita, un tazón de chocolate.

«Y además del cardamono está, por ejemplo, la "cantaridina"...»

Siempre he pensado que leer y asimilar no es lo mismo. Y en televisión, intentar retener algo que alguien baja de internet para que otro se lo aprenda en el tubo de entrada al plató, normalmente acaba así. Nadie, no obstante, la corrigió.

La explicación se ilustró cuando la misma chiquilla hizo bajar a unos despistados espectadores de la grada y, tras hacerles beber un poco de chocolate, les preguntó si se habían excitado. Ellos, felices y con marcas de cacao en el bigote, respondieron al unísono: «¡Síííí, mucho...!».

La cantárida o «mosca española» (de la que ya Aristóteles hablaba) fue, junto al opio, la estrella de los salones de lenocinio del XVIII y XIX. A Donatien Alphonse François de Sade (más conocido como el marqués de Sade o Sade directamente para los muy allegados), el polvo del insecto, o la mala calidad de los bombones donde lo puso (vaya usted a saber), le costó en Marsella una sentencia de pena de muerte, que evitó huyendo temporalmente a Italia.

La clínica reciente, que no por racional ha dejado de creer en milagros, aporta sustancias diversas. La mayoría de ellas son vasodilatadores, algunos de uso tópico, que recrean genitalmente, y con más o menos éxito, una situación de excitación.

Una señora, que quiere mejorar su vida sexual, sigue el consejo del sexólogo y le pone una pastilla de Viagra a su marido en el café.

Cuando sexólogo y señora se encuentran de nuevo, ella le expresa lo terrible de la situación que ha vivido siguiendo su consejo:

—Me arrancó el vestido, tiró los platos, me tumbó sobre la mesa y me hizo el amor durante dos horas.

El sexólogo, extrañado por el descontento de la mujer, le pregunta cuál es entonces el problema.

—Es que los del restaurante no sabían cómo pararlo...

Chistes así reflejan la creencia popular de que el citrato de sildenafilo, cuyo nombre de comercialización más popular es Viagra, es un magnífico afrodisíaco. Pero el efecto de una excitación no es la excitación en sí misma. Y una buena erección, que es algo en lo que la Viagra actúa con enorme eficacia, no es más que eso: una buena erección.

Lo último en fase de experimentación son los parches que segregan hormonas (fundamentalmente estrógenos) para incrementar el deseo femenino.

Mientras damos con la tecla, embriagados por una cultura finalista que comprende mejor los destinos que los recorridos y a la que le gusta más manejar que entender, seguiremos, como con la eterna juventud o con la piedra que convierte el plomo en oro, buscando aquello que permita controlar el deseo a deseo.

Probablemente subió la audiencia.

Lo entiendo, no a todo el mundo le gusta oír historias de hojas que revolotean en el aire de una cabina de avión y van encendiendo la libido de quien las escucha. La tele prefiere las sirenas a sus cantos.

El kamasutra sirve para aprender posturas para el coito

El tractor avanzaba despacio. Las chicas intentaban sujetarse con una mano a las barras del remolque para no caerse. Con la otra, tiraban caramelos a los dos chiquillos que estaban en la rotonda.

Yo aguardaba dentro del coche el paso del vehículo.

Conté diez chicas con el bañador puesto, algunas llevaban «pantis» debajo del traje de baño y una, guantes de borreguillo. Sus sonrisas eran más un rictus gélido que un gesto de satisfacción.

El tractorista fumaba un puro corto y retorcido por encima de la bufanda mientras un radiocasete, cogido al lateral del tractor, le ponía música al evento.

Una guirnalda se desprendió con las sacudidas.

Era febrero.

Y febrero y su frío en el norte de Girona no se andan con tonterías...

Aunque en Río de Janeiro sea el mes más cálido del año.

Día de Carnaval

El tratado de los *kama sutra* no es *El kamasutra*. *Kama* es un término sánscrito que en el hinduismo se puede traducir por «concupiscencia», «deseo sexual». En el budismo, su sentido se refiere a «aquello que resulta de desear los elementos que satisfacen y confortan los sentidos». En el hinduismo tiene una connotación positiva, mientras que en el budismo se interpreta como un «obstáculo» para la liberación. *Sutra* significa, en ambas concepciones, «hilos», pero por derivación «aforismo», «reflexión», «máxima». Por lo tanto, y dado su origen hindú, el título debería traducirse por los *kama sutra* (*Los aforismos del amor carnal*). Si queremos emplear el pronombre «él» como sustituto, por ejemplo, del sustantivo «libro», deberíamos decir *el de los kama sutra*. Parece una bobada. Pero, como decía Eugeni D'Ors, «lo que no es tradición es plagio». Así que, si a falta de tradición queremos plagiar, hagámoslo, al menos, lo más correctamente posible.

El cristianismo, en su proceso colonizador, «evangelizador», ha hecho suyas todas las celebraciones paganas. Es más sencillo reorientar un hábito, dándole otra finalidad, que intentar suprimirlo (por ejemplo, antes, el varón copulaba sobre la hembra porque ésta era un animal «desalmado» que estaba para servirlo y ahora el varón copula sobre la hembra para provocarle un gran placer estimulándole el punto G). Con el Carnaval sucede algo parecido. La fiesta pagana del «desmadre» por excelencia se convierte en la fiesta cristiana que prepara la Cuaresma.

No es sólo el cristianismo el que hace perder el significado para «traducir» o para adaptar a una cultura lo que se ha generado y tiene sentido en otra muy distinta. A veces es nuestra propia cultura de la tienda, del consumo y del coitocentrismo la que se ocupa de ello. El modo con el que nos han vendido los *kama sutra* es un buen ejemplo.

—¿Un chimpancé, me llamas chimpancé? —le preguntó Otto, indignado.

Wanda mantuvo con un gesto la afirmación.

—¿Acaso leen los chimpancés a Nietzsche? —volvió a preguntar Otto.

—Sí, Otto, lo leen, pero no lo asimilan.

Miré de reojo a Arnau por si de alguna manera se había sentido aludido por el diálogo que mantenían en la película.

Pero su vista seguía clavada en el televisor y en su rostro no se apreció ningún gesto.

No era a Nietzsche a quien él leía, tampoco eran los *kama sutra*; Arnau se pasaba el día leyendo *El arte de la guerra*. Lo citaba continuamente; mientras follábamos, mientras comíamos, cuando estábamos entre amigos... si se derramaba el azúcar, si el plato estaba caliente, si llovía y tenía que coger un paraguas, cualquier excusa era válida para que él sentenciara con una cita del tratado.

Ocurría que normalmente su apostilla no tenía nada que ver con lo que estábamos viviendo, otras veces no recordaba la máxima y la soltaba como buenamente podía y muchas veces no era a Sun Zi a quien citaba, aunque lo creyera: «¡Un caballo, mi reino por un caballo!, como dice *El arte de la guerra*», me dijo en una ocasión.

De Vatsyayana conocemos muy pocas cosas. Su vida transcurrió en la India entre el siglo I y el VI de nuestra era, lo cual equivale a decir, poco más o menos, que en algún momento estuvo vivo. Vatsyayana fue un compilador que abrevió y resumió los trabajos de autores precedentes de manera que dio la forma actual con la que se conoce a los *kama sutra*. Fueron los ingleses quienes los introdujeron en Europa de mano de una edición en lengua inglesa publicada en Benarés en 1883.

Los treinta y seis capítulos que lo componen están divididos en siete títulos. De todos ellos es sólo el título 2.º, en los capítulos I y VI, donde se habla explícitamente del coito. La extensión total que dedica este tratado moral de erotología a esta práctica en el título 2.º equivale al que le dedica en el mismo título a, por ejemplo, cómo deben efectuarse los mordiscos según el país de donde proceda la amada, cómo se debe azotar y los sonidos apropiados que se deben emitir o cómo se debe pellizcar con las uñas y las marcas que se deben dejar sobre la piel. De una edición de ciento setenta páginas de texto, unas quince se dedican al coito, teniendo además en cuenta que, de esas quince, unas diez se dedican a examinar las complementariedades afectivas y físicas entre los amantes. El resto de los títulos son una presentación sobre la elección de la esposa, sobre la propia esposa, sobre las esposas de los otros, sobre las cortesanas y sobre la seducción.

Tan pobre y tan ridículo es hacer de los *kama sutra* una relación de posturas para realizar el coito como ver en ellos un tratado de BDSM o un compendio sobre el arte de la prostitución. Es como si, en la India, hicieran del Quijote un tratado de cómo derribar molinos.

Pero aquí, donde nos gusta coger el rábano por las hojas y donde no somos capaces de entender lo que es un *ars amandi*, porque hemos hecho del sexo una técnica con un fin y no una sabiduría sin fin, lo hemos convertido en un manual para aprender a bailar el *twist*. «Como dice *El arte de la guerra*: el fin justifica los medios», que apuntaría el bobo de Arnau.

Aquí, cuando queremos copiar una tradición ajena, a falta de un verano, de un «sambódromo» y de una escuela de samba, bien nos valen unos guantes, una rotonda y un radiocasete.

El tamaño importa o el tamaño no importa

Cuando despertó, el dinosaurio todavía estaba allí.
AUGUSTO MONTERROSO
El dinosaurio

Si Monterroso hubiera creído que el tamaño importaba, nunca hubiera escrito este cuento.

Contaba él mismo en una entrevista, harto ya de que se juzgara su obra por el tamaño, que, cuando un periodista volvió por enésima vez a poner en duda que algo de esa extensión fuera un cuento, él, airado, le contestó: «¡Tiene usted toda la razón, no es un cuento, es una novela...!».

Hacemos del sexo la medición del sexo. Medir significa generar media. Y es desde ella desde donde se establece parte importante de la «moralidad» del sexo; lo que es normal y lo que es anormal, bien por supranormal o por subnormal. Lo que está bien y lo que está mal. Cada vez que al sexo le estamos dando una «medida», creamos «disminuidos».

Las cifras son menos tolerantes, todavía, que los juicios de valor. Cuando alguien opina que sólo le gustan las personas «guapas» o las personas «inteligentes», no está indefectiblemente excluyendo a nadie. La belleza o el talento son subjetivos, y por lo tanto, discutibles. Sin embargo, decir que la media nacional del pene es de doce centímetros o que las personas mantienen una media de 1,8 relaciones sexuales por semana, no se puede «gestionar», porque la lógica de la medida es una lógica binaria, o «es» o «no es». Los metros no se interpretan y los calendarios tampoco.

—Pero, entonces, ¿cuántos amantes habrás tenido en tu vida?

La pregunta era el colofón a una de las entrevistas más estúpidas en las que me las he tenido que ver. El entrevistador era un personaje del mundo del cotilleo sin mucho más mérito que ser el ex de alguien sin mucho más mérito que él.

—Menos de los que supones y tres más de los que crees —respondí, deseando que la ambigüedad pusiera fin al encuentro.

Titubeó un momento y concluyó resueltamente:

—O sea, pongo entre mil y mil quinientos...

O sea, eso... a las cuatro y cuarto.

La duración de la Novena sinfonía de Beethoven está entre los sesenta y cinco y los setenta y cuatro minutos, dependiendo del director. Ese dato sólo le importa al que se está orinando durante el concierto, al que debía comercializar el soporte CD y quería que cupiese la sinfonía en uno, o al que está ansioso porque suene el coro con la *Oda a la alegría,* de Schiller, porque ésa se la sabe. Por lo demás, ese dato es absolutamente insignificante para evaluar lo que produce.

Ni siquiera la música, que es una bellísima manera de contar el tiempo, se evalúa en función de su tamaño. Una sinfonía no es un minutaje, sino lo que se hace en un minutaje.

Frecuencia de orgasmos, número de orgasmos, longitud del pene, duración de la interacción, frecuencia de relaciones, duración del eretismo, número de amantes... El sexo no se mide. El sexo se experimenta, se construye, se compone, se dibuja y se narra. La medida no explica nada del sexo, sólo explica los intereses que puedan tener aquellos que quieren hacer de algo inconmensurable una medida. Igual que sólo a un trombón de la filarmónica de Berlín le interesa saber cuántos trombones hay en la Novena, para saber si trabaja mañana.

Números de coitos al año para tener una producción que satisfaga la demanda de condones, duración del orgasmo para vender el libro de *No sea tonto y amplifique su orgasmo de una puñetera vez* y número de veces que nos masturbamos para poder condenar al pajillero de pajillero. Ése es todo el interés de la medida del sexo.

Los sexólogos han sido, en sus inicios, unos grandes medidores para entender lo que es el fenómeno de la sexualidad humana, en tiempos en los que se desconocía hasta el tamaño de un paraguas. Sus esfuerzos por analizar, clasificar y desmitificar el hecho sexual humano eran y son esfuerzos de comprensión. Para que, luego, los «sexolocos» y las «sexolocas» escriban artículos bajados de Internet o anuncien alargadores de pene... para distraer mucho más que para entender.

La polla más grande que he visto pertenecía a un deportista centroafricano de alto nivel. Fue durante un servicio sexual que solicitó, mientras se recuperaba de una lesión de rodilla, en un centro de rehabilitación de Barcelona.

Cuando llamó a la agencia, solicitó una chica que hablara francés, pues, aunque no era su idioma materno, podía entenderse en él. En la agencia me pasaron el encargo, de manera que fui yo la que se encontró con aquel hombre a un falo pegado.

Después del encuentro, en el que hice de todo menos disfrutar, me enseñó fotos de su esposa y de sus cinco hijos. Yo, mientras simulaba interés por las imágenes, no podía pensar en nada más que en lo que tenía que haber «tragado» aquella pobre mujer. Mientras, mi vagina vibraba como si le hubieran puesto mil pilas y un grupo electrógeno. Y así estuvo cerca de tres días, de manera que, cuando volvió a llamar a la agencia, le pasé el cliente «superdotado» a Lisa, que tenía fama de valorar los grandes retos.

Somos incapaces de tratar con lo inmedible, quizá por eso el infinito es un concepto que podemos utilizar (por entenderlo como contraposición a lo finito), pero incapaces de concebir. Sin la medida, no podemos establecer simetrías y nuestro propio pensamiento «mide» más que piensa. Sin medir, todo se nos haría incomprensible. Eso no significa que un coeficiente intelectual (que sólo cifra la habilidad que tenemos para resolver el test de un coeficiente intelectual) sea un referente o explique algo mínimamente interesante de nuestra capacidad de pensamiento o de nuestra genialidad, individualmente o como especie. Es un dato irrelevante. «Miserable sería el amor que se dejara medir», le dice Antonio a Cleopatra, en la obra homónima de William Shakespeare. Sabemos quién era Shakespeare por lo que hizo de su pensamiento, no por cuál pudiera haber sido su supuesto CI.

En el «discurso normativo del sexo», hemos hecho de él un coito y de su nivel de satisfacción, la medida de un pene. En torno a éste, se ha generado toda una corriente de enfrentamiento, las personas que postulan que no hay mejor sexo que el derivado de tratar con uno grande, y las personas que creen que la medida de este órgano es insustancial a la hora de poner en práctica nuestra sexualidad.

Es curioso sobre lo que se puede debatir en las sociedades con excedente. El tamaño del pene puede no importar a alguien y el tamaño del pene puede ser importante para otro, lo que sí es seguro es que realizar la medición del pene es insustancial.

(...) La habitación en que me hallaba era muy amplia y alta; las ventanas largas, estrechas y ojivales, estaban a tanta distancia del negro piso de roble, que eran en absoluto inaccesibles desde dentro. Débiles rayos de una luz roja abríanse paso a través de los cristales enrejados, dejando lo bastante en claro los principales objetos de alrededor; la mirada, empero, luchaba en vano para alcanzar los rincones lejanos de la estancia, o los entrantes del techo abovedado y con artesones. Oscuros tapices colgaban de las paredes. El mobiliario general era excesivo, incómodo, antiguo y deslucido. Numerosos libros e instrumentos de música yacían esparcidos en torno, pero no bastaban a dar vitalidad alguna a la escena. Sentía yo que respiraba una atmósfera penosa. Un aire de severa, profunda e irremisible melancolía se cernía y penetraba todo (...)

Edgar Allan Poe
El hundimiento de la Casa de Usher

Si Poe hubiera creído que el tamaño no importaba, nunca se hubiera extendido en la descripción de la habitación de Roderick Usher. Medir es ridículo cuando no se sabe el qué, por qué o para qué...

El clítoris es pequeño

*Se exponía una pintura en la que el artista había trazado un
enorme león abatido por un solo hombre. Los que miraban el cuadro
se envanecían. En esto, pasó un león que amargó su insulsa charla.*
*—Ya veo —dijo— que aquí os dan la victoria; pero el artista
os ha engañado teniendo libertad para pintar una ficción. ¡Con
cuánta más razón seríamos nosotros los vencedores si supieran pintar los leones!*

LA FONTAINE
El león vencido por el hombre

Si las mujeres hubiéramos escrito el discurso normativo de
nuestra sexualidad... posiblemente, el pene sería un clítoris
desmesurado, grotesco, ridículo; Adán habría salido de una
mala noche de Eva, o de su resaca con licor de manzana;
desalmados, los hombres serían seres inferiores que no disponen de un órgano exclusivamente para el placer, tendrían
orgasmos testiculares, o peneales, según su madurez; la práctica que consumaría una relación carnal sería la masturbación del clítoris; ridículos, serían una versión expuesta y evi-
dente de las mujeres, un retrato malo del modelo femenino
al que torpemente imitan, una copia a la que no le han recortado las rebabas. Hubiéramos dicho de ellos que serían seres
infértiles porque, careciendo de matriz y ovarios, sólo soltarían
un liquidillo que habríamos tardado siglos en descubrir lo
que era; las mujeres libidinosas seríamos elegantes y triunfa-

doras, unas reinas, mientras que los hombres concupiscentes serían unos cerdos belloteros. En lugar de «meterla», diríamos «recibirla», sabríamos lo que mide nuestra acogedora vagina, pero desconoceríamos lo que suele medir lo que les cuelga; serían seres sanguíneos y fornicadores que retozan más que piensan, un mal necesario para la reproducción y la Mme. Schopenhauer de turno los hubiera descrito como simiescos, de espaldas desmedidamente anchas, de caderas estrechas y de piernas largas y peludas.

También, nosotras hubiéramos escrito, desde el miedo, un discurso ridículo, como el que hacen los que oprimen sólo por haber sido oprimidos, como los redactados por victimizados que sólo ansían ser verdugos, y el de los que condenan porque a ellos, un día, los condenaron... sin condenar la condena.

Seguiríamos en las mismas, porque la ignorancia no es cuestión de género, sino de desconocimiento y porque el ansia de dominación no se genera en los genitales, sino en el desprecio.

Pero sucede que los diversos discursos normativos de nuestra sexualidad han sido siempre androcéntricos. Han sido escritos por aquellos a los que les dimos tinta y les dejamos escribirlos, y que eran, en su inmensa mayoría, entre otras muchas cosas, varones.

Ellos hicieron, por ejemplo, que todas las barbaridades, y muchas más de las que he expuesto antes, se aplicaran a las mujeres y se creyeran (en nombre de Dios o de la ciencia) como verdades irrefutables. Y ellos han hecho que, por ejemplo, la inmensa mayoría de los humanos, hombres y mujeres de nuestra avanzada y tecnológica cultura, desconozcan que el clítoris mide entre once y trece centímetros.

Agapurnio tenía una especial inclinación por acariciarme el perineo. Tocaba toda el área que lo conforma con deleite, mientras observaba, de reojo, mis reacciones. La primera vez que lo tuve como cliente, pensé que debía de ser un fetichista de esta zona. Así que no mostré demasiada extrañeza cuando, después de un breve coito, empezó a acariciarlo.

El clítoris parece que deriva del término griego *kleitoris,* que se podría traducir por *loma* o *colina.* Parece, también, que de la utilización de este término para designar a este órgano extremadamente sensitivo, ya se tiene constancia de antiguo.

Se «redescubrió», según parece, en el Renacimiento. El cirujano Renaldo Colombus, en su obra de 1559, *De re anatomica,* menciona el descubrimiento de este órgano, al que da en llamar *amor veneris.* Gabriele Falloppio, otro célebre anatomista de la época, también se declara como el primer descubridor del clítoris.

Y llegaron los tiempos de la histeria. A finales del XVIII, la ciencia médica decía de él que era el único responsable de la locura masturbatoria que asolaba a las mujeres europeas. Su función, al no tener ninguna operatividad reproductiva y no ser estimulado durante el coito, no podía ser otra que la de incitar a masturbaciones compulsivas que causaban toda serie de males orgánicos y anímicos. Cualquier síntoma de melancolía, malestar, irritabilidad o dolor de muelas que mostrara una mujer por aquella época se diagnosticaba como «histeria»; y se trataba con las prácticas ya conocidas de estimulación genital terapéutica que pudieran inducir a la paciente a alcanzar el «paroxismo histérico», el orgasmo, que la liberara temporalmente de su mal.

El XVIII y buena parte del XIX europeos fueron el imperio en la sombra de las ninfómanas.

Naturalmente, existían tratamientos mucho más «eficaces» y resolutivos para curar estos accesos de manía clitoridiana. Existía la ablación, la extirpación o la cauterización.

Me cuentan que, en 1936, todavía se publicó un libro en EE UU cuyo título en castellano sería aproximadamente el de *Enfermedades de la niñez y de la infancia* en el que se recomendaba la cauterización clínica del clítoris de las niñas para evitarles las enfermedades masturbatorias. En 1936, ya se había dividido el átomo, Hubble había anunciado la teoría de la expansión del universo y hacía diez años que se había descubierto la televisión, veintitrés que empleábamos el acero inoxidable y más de ciento veinte que se había intervenido el primer tumor ovárico. Aunque faltaban cuarenta años para que se autorizase el empleo, en los medios públicos norteamericanos, de la palabra «clítoris».

«Hola, mi coqueta *franfresita*...», decía con su ligero farfulleo, mientras doblaba cuidadosamente su chaqueta verde lima sobre la cama. «¿Cómo nos *encontramof* hoy?» Se desvestía completamente, dejando sus calcetines diplomáticos para el final, que también doblaba y colocaba sobre sus *slips,* siempre de un rojo burdeos. Un coitito de tres minutos y a completar la hora acariciándome con la yema de su dedo por debajo de la entrada de la vagina, mientras me susurraba recatadas obscenidades al oído. «¡Ah!, qué cochinita es mi *franfresita*...» Sin duda para aumentar mi libido, que debía de estar en esos momentos en Tegucigalpa comprando plátanos (o pensando que el oficio de puta no siempre resultaba sencillo).

El clítoris tiene una conformación de anzuelo con dos raíces. Asemeja a una «y» al revés, en la que la línea común fuera muy corta y surgiera perpendicularmente de unas bifurcadas muy largas. Su parte externa es el glande y el tronco del clítoris, que no queda expuesto a la vista por estar cubierto por el capuchón retráctil que cubre también, salvo que se retire, el glande. Ambos, el glande y el tronco, serían el trazo común de nuestra imaginaria «y» invertida. Las raíces, en forma de «v», descienden circundando ambos lados de la vagina.

Lo verdaderamente significativo del clítoris, con su complejísima red de terminaciones nerviosas, es que está diseñado exclusivamente para procurar placer. Mientras los hombres disponen de un mismo órgano, el pene, que cumple las tres funciones, secretora, reproductiva y placentera, la anatomía femenina tiene tres apartados distintos para cada función. La secretora se realiza a través de la uretra, que termina en el meato urinario, situado sobre la vagina y bajo el clítoris; de la reproductiva o genital se encarga la vagina, como puerta del útero, y el placer queda destinado en exclusiva al clítoris y el tercio externo de la vulva. El clítoris es al placer como la neurona al pensamiento. Quizá por eso, por su esmerada dedicación, hemos hecho de él un desconocimiento grande y un órgano pequeño.

«Tienes el *flítoris* más suave que he *fisto* nunca», me dijo un día, intentando esmerarse entre el culo y el asunto.

No le corregí.

«Y los orgasmos más falsos que hayas oído nunca...», pensé, mientras gemía.

Si Agapurnio supiera dónde está el clítoris, los leones pintar o el sexo hablar...

Los homosexuales son promiscuos

Es imposible que a esta máquina la llamen así. O bien emplean términos griegos y lo llaman «autocinético» o bien utilizan el latín y lo llaman «ipsomóvil». Pero llamarlo «automóvil» no tiene sentido. No puede prosperar ese nombre.

Fue, según me contaron, lo que dijo un sabio cuando le hablaron por primera vez, a finales del XIX, de la invención de un vehículo autopropulsado.

Con el término «homosexual» sucede algo parecido.

En su originaria confección, con fines incriminatorios y clínicos también a finales del XIX, se toma «homo» del griego y «sexual» del latín. *Homo* en griego no significa «hombre», sino «igual», «equivalente», «semejante». La creencia de que el prefijo «homo» proviene del latín, donde sí significa «hombre» y no del griego, ha hecho que la confusión se acreciente. Siguiendo con el término que inventa Kertbeny para condenar las prácticas sodomíticas entre varones, y que populariza Krafft-Ebing para «patologizarlos», se podría cuestionar que si la «homosexualidad» es el sexo entre semejantes, debería referirse a todas aquellas interacciones sexuales que no se establecen con animales u objetos inertes. Es decir, homosexuales, al menos de vez en cuando, somos todos los humanos que practicamos sexo con otros seres humanos.

Del mismo modo, términos como «homofobia» significan literalmente «temor o aversión por lo semejante». Sucede que el creador del neologismo utiliza «homo» como apócope de «homosexualidad» y añade «fobia» para intentar encontrar un término conveniente que designe a los que sienten animadversión por los homosexuales, cuando en realidad «homofobia» significaría, en buena ley, un odio hacia los seres humanos (los semejantes), o lo que es lo mismo, «misantropía». Las palabras nunca son claras cuando el concepto no lo es. La confusión de las palabras es siempre una confusión de los conceptos. No existe un buen significante cuando el significado continúa oscuro.

En un pueblo de la serranía andaluza, encontré un día a una señora muy peripuesta que me indicó que su pueblo era muy antiguo y que había sido fundado por los «ficticios». Posiblemente, esta señora no sabía gran cosa de los fenicios.

Pero si el significante «homosexual» es cuestionable y el significado al que remite tampoco está claro, designar a las personas que aman, comparten su vida o formalizan sus sentimientos con otras personas del mismo género, de «homosexuales», es como decir que los «filántropos» son aquellos seres que se acuestan con todos los humanos que se menean.

El término «homosexual» hace referencia exclusivamente a una preferencia sexual, pero alguien que ama a alguien de su mismo género hace mucho más que interaccionar sexualmente con él. Tildar a un amante de alguien de su mismo género de «homosexual» es convertirlo en un elemento que hace exclusivamente de su preferencia una actitud de interacción sexual; una máquina folladora de lo mismo. ¿Cómo llamaríamos al casto que ama a los de su mismo género?

No he tenido, las razones son obvias, muchos encuentros sexuales con varones homosexuales. Pero recuerdo uno.

«Gay» es el término que la comunidad de san Francisco

eligió para designar a sus miembros masculinos y que se consolida, como denominación, en Nueva York, a finales de la década de los sesenta. «Lesbiana» es un término de uso más antiguo, del que ya se tiene constancia en la literatura decimonónica. «Gay» parece derivar del latín *gaudium* (alegre) y esa misma connotación festiva mantiene en lengua anglosajona. «Lesbiana» se asocia con la isla griega de Lesbos, donde habitaba la poetisa Safo, rodeada de un nutrido grupo de mujeres a las que les cantaba. En los primeros momentos de uso del término, la lesbiana no era necesariamente una mujer que amara o interactuase sexualmente con otras mujeres, sino una mujer que compartía vida o inquietudes culturales con otras mujeres.

Ambos términos intentaron y siguen intentando suplir al genérico de «homosexualidad». El acrónimo que quizá agrupa más comúnmente su preferencia es el de LGBT, tomado de *Lesbians, Gays, Bisexuals* y *Trans*.

A Marcos lo conocí en la primavera del 2003 en Barcelona. Fue en casa de una amiga común, durante una fiesta en la que celebraba su trigésimo cumpleaños. Enormemente atractivo y educado en sus formas, tenía un aire de melancolía que lo hacía especialmente apetecible.

Fue yo quien inició la charla, que pronto se hizo amena y cordial a medida que avanzaba la fiesta. Él había leído *Diario de una ninfómana* y se mostró muy interesado por mi trayectoria vital, lo que hizo que habláramos más de mí que de él. Ambos soltamos una carcajada juntos, cuando la anfitriona, con más copas de las que podía contar, inició una pintoresca danza del vientre en la que lo único que quedó cubierto de ella, al acabar, fue el vientre.

Debían de ser las tres de la mañana cuando Marcos se ofreció para llevarme a casa. Invitación que acepté encantada.

Entender es saber decir la palabra.

«Promiscuidad» deriva del latín *promiscere*, que significaría algo así como «propenso a mezclar». Podría decirse, entonces, que el trabajo de un pintor es promiscuo o que una ensaladilla rusa es fruto de la promiscuidad de un cocinero. Sin embargo, en el habla común, la promiscuidad ha quedado relegada a la interacción sexual frecuente con un número muy variado de *partenaires*.

El deseo masculino es en muy pocas ocasiones penalizado. Lo hemos visto, por ejemplo, al intentar encontrar un término despectivo que equivalga, para los varones, al de «ninfómana». El deseo masculino «voluminoso» es sinónimo de virilidad, de ajuste a género, es una expresión «comprensible» del ansia de poder del conquistador, es la saliva del depredador hambriento. El deseo masculino es «naturalmente explicable», pero el femenino es «culturalmente depravado».

Sin embargo, sí existe una situación en la que la libido masculina se penaliza catalogándola de «promiscua»: en el caso gay. El tópico de que las relaciones amatorias entre varones vienen condenadas de antemano por la promiscuidad de los miembros levanta los recelos entre los propios amantes. La promiscuidad es el preliminar de la sospecha.

No debemos olvidar que, no hace demasiado, ser gay era convertirse en un posible sujeto «contaminante». En los días en los que el sida colmaba las portadas de los periódicos, darle la mano a un gay era exponerse a un contagio irremediable. Aproximadamente lo mismo que puede ocurrir hoy al sentarse junto a un fumador activo. La causa de ese estigma era y sigue siendo la promiscuidad. La propia promiscuidad deviene el estigma.

En el portal, aceptó mi ofrecimiento y subió al piso. Fumamos un último cigarrillo de marihuana y me comentó, entre risas tontas, que su novio debía de empezar a estar preocupado. Debo reconocer que el comentario hizo desaparecer en mí, de manera súbita, los efectos de la hierba. Me levanté y le dije que sí, que muy posiblemente su pareja estaría inquieta y que era mejor que se marchase. Marcos notó mi enfado y me explicó que se encontraba confuso con la atracción que sentía por mí. Apoyé mi mano sobre su entrepierna. Deslicé suavemente la cremallera y sostuve con la mano su miembro erecto. Me pidió que esperara un momento... y empezó a hablarme de Ramón.

Sigo en contacto esporádico con Marcos. Solemos hablar de sexo y de su situación emocional. Se casó con Ramón no hace mucho. Me encontraba en Inglaterra cuando se produjo el enlace, pero, por lo que me dijo, la ceremonia fue hermosa.

Hace poco, volvió a agradecerme que sostuviera, aquel día y durante un rato, su pene erecto entre mis manos. Al parecer, le enseñó algunas cosas, entre otras que su amor por Ramón no era un asunto de género y que su fidelidad hacia él no era un problema de deseo.

Marcos me enseñó a mí muchas otras, como que queda mucho por comprender y que en las relaciones intergénero o en el colectivo humano LGBT, no valen los confusos juegos de palabras, y que, quizá, los acrónimos se queden cortos.

El sexo entraña muchos peligros

Esa mañana, cuando encendí la tele en el hotel de Buenos Aires donde me alojaba, daban la noticia del suicidio colectivo de los miembros de aquella secta. Se acercaba el tercer milenio y esperaban una catástrofe ecológica que pondría un final apocalíptico a la era que vivíamos. La policía retiraba los cuerpos cubiertos por sábanas de los adictos, ante la sorpresa de los vecinos. Del líder de la hermandad no se sabía nada. Sólo que no estaba entre los fallecidos.

Nada nos hace más dóciles que el miedo. Ni nada más temerosos que el desconocimiento. «Todo es ruido para quien tiene miedo», dejó dicho Sófocles.

Durante un tiempo viví a costa de Esteban. Lo había conocido al poco de haber saldado, tras mi paso por la prostitución, las importantes deudas que tenía acumuladas, a causa de que me fijara en quien no debía, pero quería.

En Esteban no se agrupaban demasiadas gracias. Salvo quizá la del dinero... y esa gracia sólo suele hacerle gracia a quien la tiene. Esteban era lo que se dice un pelmazo. Un activo pasivo, uno de estos tipos que, presentándose como sumisos y comprensivos, pretenden que tu vida gire, ininterrumpidamente, alrededor de ellos. Uno de esos que dominan, o lo pretenden, desde el llanto, de los que comen no a una dentellada como los tiburones, sino a mordisquitos continuos, como las ratas. Uno de esos que lo que únicamente quieren es quererse a ellos mismos a través del otro, de los que se ponen a tu entera disposición sólo para que tú hagas lo mismo con ellos. De los que ofrecen amor de pago sin descuento por pronto pago. Y hablan de amor porque no saben amar. Una de esas personas mucho más fáciles de encontrar que de describir. Un pelmazo.

Educamos desde el miedo mucho más que desde el entendimiento. Desde la culpa neurotizadora mucho más que desde la satisfacción. Le enseñamos a un niño que meter los dedos en el enchufe le provocará una descarga letal, pero olvidamos contarle que la luz eléctrica es la que le permite vernos la cara cuando le arropamos por la noche.

Educamos en la vida para abstenernos de vivir, no para vivir sin abstenernos. Creamos miedo antes de enseñar lo que hay que temer. Y eso suele producir lo contrario (porque el miedo genera miedosos); aparecen maleducados que muerden por temor a que les puedan morder, que se exceden por temor a quedarse cortos, que hablan a gritos por temor a no ser oídos y que hacen sinsentidos por temor a tener que encontrarles sentido. Sin que hayan aprendido a morder, sin que sepan lo que es el exceso, sin que tengan nada que decir o sin que conozcan el difícil hábito de encontrar el sentido.

En el sexo, todos hemos sido educados en un problema. Porque en el «discurso normativo del sexo» que manejamos, el sexo es un peligro. Hemos hecho del sexo una actividad de riesgo frente a la que hay que manejarse con todas las salvedades del mundo, con todas las aprensiones y con todos los diagnósticos, para que no encendamos el interruptor de la luz, no vaya a ser que nos quedemos pegados al enchufe.

Es por ello por lo que, en la educación sexual y en la comprensión del fenómeno sexual, el gran tema que se aborda es la prevención. Pero la necesaria prevención, para una persona con una capacidad de comprensión normal y no importa de qué edad, se resuelve en dos lecciones: uno, si practicas el coito, usa preservativo, y dos, si el otro, o tú mismo, no queréis, no interaccionéis sexualmente.

Quedarse en la prevención o en la didáctica de la prevención e ilustrar hasta el infinito la condena que conlleva la falta es hacer, de lo que no hay que hacer, lo que es. Es como si, para enseñarnos a hablar, empezaran pronunciándonos los tacos que no hay que decir nunca y nos enseñaran a rotularlos con letra redondilla en nuestras cartillas pautadas. Sin enseñarnos el hecho de que el lenguaje sirve, por ejemplo, para hablar con los que amamos.

Nunca le soplé a Esteban más de lo que yo consideraba justo como retribución por aguantarle la tontería. El estímulo estaba más en saber que podía desplumarlo que en desplumarlo. Además, siempre he sido contenida en mis gastos. Esteban tenía otra particularidad; era un miedoso. Eso le hacía especialmente maleable.

—Voy a dejar el piso; la zona es céntrica, pero he visto uno magnífico, en la zona sur.

Él meditaba un momento. Valoraba la peligrosidad de la nueva ubicación. Se imaginaba a sí mismo transitando a altas horas de la madrugada por sus callejuelas, sin sitio donde aparcar su Mercedes.

Y hacía cualquier cosa para que me mudara a uno de la zona alta. En este caso, pactar con el API el precio del alquiler por lo mismo que yo estaba pagando por el mío, a cambio de colocar al agente en no sé qué consejo de administración.

—... sabes que haría cualquier cosa por ti.

Ya podía verse aparcando su Mercedes y andando por los barrios donde se sentía seguro. Y así pude mudarme al piso que había visto hacía dos meses y cuyo alquiler hasta entonces no me podía permitir.

Pero si simular un orgasmo es sencillo, nada cansa más que hablar de amor con alguien que no sabe lo que eso significa.

—Vete a tomar por el culo.

—Pero, cariño, ¿cómo me puedes decir esto con lo que yo te quiero?

Ya.

Tardó diez semanas en ser el *sugar daddy* de Dragana, una conocida mía, serbia de nacionalidad y arribista de profesión, que, por lo que sé, no tuvo reparos en decirle que le quería... A cambio, eso sí, de tener un piso en propiedad y el Mercedes a su nombre. Del sentido desmedido del miedo de un ególatra, Dragana, también, se hizo un abrigo de visón.

En el proceso de anatemizar el sexo, no sólo está el hablar de la prevención del sexo como si se hablara del sexo para hacer de él algo contra lo que prevenirse. Está también el hacerlo autor del delito, como al pobre mayordomo en las novelas de misterio. Cuando hablamos de, por ejemplo, «delitos sexuales», olvidamos que el sexo no comete delitos; que el delito lo comete algún delincuente empleando el sexo, pero no el propio sexo. Delito que, a lo mejor, se cometió en un apartamento o en un automóvil y no por ello hemos creado el «delito apartamentístico» o el «delito automovilístico».

No hablamos, tampoco, de «delitos de lenguaje», porque sería ridículo, cuando alguien hace mal uso de nuestra condición de seres dotados de lenguaje para lastimar a otro. Para ello, empleamos términos como, por ejemplo, injuria, calumnia o difamación, términos en los que el lenguaje no aparece adjetivando el delito. Porque no tendría sentido. Ni el sexo ni el lenguaje cometen delitos, son los delincuentes, estén donde estén o hagan lo que hagan.

Del mismo modo, es impensable hablar de «delitos amorosos»; porque el amor no perpetra delitos y en nombre del amor no se puede perpetrar un delito. No concebimos, no nos cabe en la cabeza, que se pueda delinquir haciendo uso del amor. ¿Por qué no se nos hace igual de inimaginable con el sexo y seguimos hablando de «delitos sexuales»?

Creernos que el sexo es algo, por encima de todo, peligroso, olvidándonos o no adiestrándonos en una «educación para los placeres» (como pueda plantearse una «educación para la ciudadanía») mientras seguimos educándonos en una «educación para las privaciones», es lo verdaderamente peligroso para la sexualidad humana. Así, de una manera u otra, acabaremos matando nuestra propia humanidad, un suicido colectivo. Como hicieron los de la secta. Suicidándose por miedo a la muerte. Aun cuando no cayó el asteroide.

El sexo puede ser adictivo

En el castillo de Bitov, en Moravia, se encuentra la mayor colec-ción de perros disecados del mundo.
Hay cincuenta y un perros de razas distintas.

Visto como sin querer

Los humanos nos entregamos a cualquier cosa. Y cualquier cosa puede canalizar, de manera irrefrenable, toda nuestra pasión. Hasta el juntar perros con ojos de cristal.

«Adicto» es un término que proviene del latín *adictus* y sig-nificaría «sin discurso» o «sin palabra». Se aplicaba a aque-llas personas que seguían ciegamente a un guía sin contra-decirle nunca ni oponerle ninguna palabra, posiblemente sin prestar, tampoco, demasiada atención a lo que decía. Se con-sidera hoy en día una adicción, para los que pretenden tra-tarlas y no sancionarlas, a aquel consumo o a aquella prácti-ca que se impone a la propia voluntad de no consumir o no practicar. Un indicativo del nivel de adicción sería la imposi-bilidad de realizar una vida normalizada, siempre que esa imposibilidad se presente acompañada de un sufrimiento manifiesto por esa incapacidad. De antiguo, se conocen estos estados adictivos por ciertas sustancias o ciertos credos religio-sos. Pero no por el sexo.

El psiquiatra Joan Romeu, una eminencia en su especialidad y gran amigo mío, suele saludarme más o menos con la siguiente fórmula:

«Querida Valérie, ¡mi ninfómana favorita!...»; después, se detiene un momento, agudiza su aire socarrón y concluye el saludo: «... Y la única que conozco».

Que el Dr. Romeu, que lleva más de treinta y cinco años ejerciendo la psiquiatría, con especial dedicación al tratamiento de las adicciones, no conozca otra, y la que conozca sea yo (que fumo más que beso y reivindico mucho más que follo), es algo significativo.

Cuando me propusieron, desde una cadena autonómica andaluza, la dirección de una serie de reportajes en el que uno de ellos versaría sobre la adicción al sexo, contacté con Joan y con un buen número de profesionales en busca de un testimonio en primera persona que relatara lo que significaba esta dependencia.

Escribía John Dos Passos que el único elemento que puede reemplazar nuestra dependencia a mirar al pasado es nuestra dependencia por mirar al futuro.

Memoria y esperanza son dos causas de adicción. Como las chapas de los tapones, como las máquinas que cambian duros por duros, cuando hay suerte, como los licores, como el amor, como los coches cada vez más grandes... causas. O como ninguna de ellas, porque si bien hay sustancias adictivas, que persiguen que las amemos por encima de a nosotros mismos, no existen «causas de adicción»; sólo psicologías adictivas. Nada, ni la heroína ni el alcohol, como sustancias, ni el sentido del riesgo, la fe o la melancolía, como actividades, son en sí mismas una causa de adicción. Sólo el uso que de ellas hacemos es lo que puede convertirlas en el objeto de una adicción.

Las adicciones, como las mariposas, se clasifican. Pero, mientras en el caso de las segundas, se suelen seguir criterios morfológicos y científicos, las adicciones se rigen por parámetros morales. Y la moral, mucho más allá de incluir y excluir, exculpa o condena. En el caso de la adicción al sexo, se culpa menos la adicción que el sexo. Hablar de sexoadicto es cumplir una triple condena: la propia de la adicción, la de ser considerado un adicto y la del sexo.

Resulta curioso que, como hemos apuntado ya, el término «sexo» tenga una particular inclinación a ser usado como adjetivo; unas veces para demostrar que el sexo sólo se entiende desde otros sitios que no son el propio sexo (hablamos de «antropología sexual» o «psicología sexual», rara vez de eso que está por definir y que se denomina «sexología»), y otras para hacer de un delito un delito específicamente cometido en su nombre («delito sexual» o «abuso sexual», cuando éstos son, simplemente, un delito o un abuso). Cuando el sexo abandona su condición de adjetivo, no parece que normalmente la cosa le vaya mucho mejor. Un adicto al juego es un ludópata, uno al robo, un cleptómano, uno al ejercicio físico es un vigoréxico, al alcohol puede ser un dipsomaníaco o un alcohólico, pero un sexoadicto es un adicto al sexo, no un «sexólico» o un «sexomano», no, un sexoadicto. Mientras, alguien que refleja unas poderosas dotes en el uso de su erótica no es un «sexo talento», sino un «buen amante». «Estar muy bien dotado», en un marco sexual, no es actuar con inteligencia en el uso de la propia sexualidad, es, sólo, tener unos genitales grandes. Elucubraciones mías.

Maite se mostró reservada y confusa.

Un reconocido psiquiatra de Barcelona me habló, con cierta reserva, de ella y de su disposición a dar su testimonio, siempre que camufláramos, en la emisión o durante la grabación, su rostro.

Vivía casada desde hacía algunos años con un diletante que exigía en su casa una escrupulosa disciplina religiosa. Tenía un hijo de unos seis meses del que podía asegurar a quién correspondía la paternidad.

Intenté que se relajara sin ningún éxito.

Cuando le pedí que me aclarase un poco mejor en qué consistía su adicción, ella balbuceó que no podía resistirse a la tentación de sucumbir frente a las insinuaciones de algunos compañeros de trabajo. Cuando le pregunté que me cuantificara el número de encuentros fortuitos o estables que había tenido en, por ejemplo, el último año, ella me dijo que dos. Le pregunté por si mantenía actualmente alguna relación paralela a su matrimonio y ella respondió que no. Que se estaba curando.

Después, igual de confusa, pero menos inhibida, me habló de sentimientos mezclados y del sufrimiento que le producía desear a la chica que venía los martes o al chico de la garita de entrada.

«No lo puedo evitar...»

Insistí en si, con alguno de los dos, había mantenido relaciones eróticas. Respondió que no, que debía de ser gracias a la medicación. Sobre si, antes de tomar la medicación, las hubiera mantenido, dudó y concluyó que tampoco, pero que sin duda hubiera sufrido más porque le hubiera distraído de su trabajo, prueba irrefutable de su adicción maníaca al sexo. No supe qué más preguntar. Le di las gracias.

En un aparte, mientras a la invitada le quitaban el micrófono, le inquirí al médico sobre por qué me había propuesto ese testimonio. «A ella le gusta pensar que es adicta al sexo. El diagnóstico se lo ha puesto ella, no yo... a veces es mejor curarles de lo que no tienen...» Ante la brillante respuesta que me dio el médico, lo convencí para entrevistarlo a él al día siguiente.

Saludé a Maite con un gesto y abandoné rápido la consulta... no fuera a ser que me imaginara desnuda, a mí, que aquel día no me había arreglado el pubis. Con las ninfómanas, nunca se sabe...

La adicción al sexo es cosa de determinados «tiempos» y de determinadas costumbres. «¡Oh, témpora, oh, mores!», como dijo Cicerón, cuando todavía no existía la adicción al sexo. En EE UU pueden encontrarse infinidad de asociaciones locales, estatales y federales de unidad y apoyo a los afectados por esta auténtica plaga que asola el territorio norteamericano, mientras que en Europa, hay que buscar a los afectados como Diógenes buscaba un hombre: con un farol y la paciencia de un cínico. Parece que, mientras más estricta sexualmente es una sociedad, más adictos al sexo hay. Cuando no se puede hacer nada, algo es demasiado.

Quizá, a lo que falte un adicto al sexo no sea a un uso normalizado de su propia sexualidad, sino a un orden moral siempre sensible a las cosas del comer y el sufrimiento de la adicción sea mucho más por vulnerar la castidad y las buenas formas que por ningún otro motivo. Un sufrimiento propio que no se origina en lo propio, sino en lo impropio de los demás. Quizá, el adicto al sexo sea «un enfermo» que manifiesta no un nivel de exceso de sexo, sino un defecto de moral en sangre, un uso demasiado bajo de puritanismo. Quizá, la adicción al sexo no sea una adicción al «sexo», sino a la culpa.

Si disecaran a los culpabilizados...

La pornografía es basta y el erotismo es elegante

CXIII. *La fuente de la sangre*
(...)
En el amor busqué un sueño sin memoria;
Mas para mí el amor sólo es lecho de agujas
Para dar de beber a esas crueles rameras.
Las flores del mal
CHARLES BAUDELAIRE

Las flores del mal fue un libro de poemas considerado pornográfico. El 21 de agosto de 1857, Charles Baudelaire fue condenado a pagar trescientos francos por haberlo publicado, acusado de «ultraje contra la moral pública». Baudelaire fue rehabilitado por la Corte de Casación Francesa en 1949, ochenta y dos años después de su muerte.

El término «pornografía» es un invento victoriano. Antes del siglo XIX, nunca se empleaba, no sólo porque no existiera, sino porque no había necesidad de diferenciar la catadura moral de los espectadores de escenas o relatos sicalípticos. «Pornografía» es, por tanto, como término, una valoración discriminatoria entre cultos que saborean y ordinarios que engullen, nacida al amparo de una nueva concepción puritana de lo que debe ser, sigue siendo y nunca ha sido la sexualidad humana.

Parrasio fue posiblemente el primer pintor de putas. Ciudadano ateniense, aunque nacido en Efeso, su vida se desarrolló entre el siglo V y IV antes de nuestra era. A las *grafías* de Parrasio, que gustaba de representar alguna *porne* («prostituta»), nadie las tildó nunca de pornográficas. Parrasio fue el primer pornógrafo sin que llegara nunca a saberlo. La mirada que siempre incrimina tenía, por aquel entonces, los ojos cerrados.

El descubrimiento de los gineceos (las «salas de mujeres») y los burdeles en las ruinas de las sepultadas Pompeya y Herculano proporcionó, a principios del XIX, un buen número de escenas concupiscentes. El peligro surgió de inmediato; ¿qué harían las mentes embrutecidas e ignorantes con aquel material sensible? La mayoría de los frescos fueron a parar a colecciones «eróticas» privadas (sólo los ricos «erotómanos» podían formar colecciones), mientras que las que se consideraron que debían permanecer en la propiedad pública fueron restringidas, por el duque de Calabria en 1819, al «Gabinete de los objetos obscenos» o, como también se llamó, a «La colección pornográfica», a la que sólo tenían acceso aquellos visitantes de «edad madura y moralidad probada».

Los inicios de la fotografía, que permitieron que imágenes de cualquier índole pudieran divulgarse con facilidad, consolidaron el término «pornográfico», siempre mucho más en función de quién observara la imagen que del contenido de la misma. Las primeras películas eróticas fueron eso, eróticas y no pornográficas; sólo tenían acceso a ellas las clases adineradas, los nobles y la monarquía.

Decía André Bretón (o Robbe-Grillet o Eric Losfeld o Woody Allen): «La pornografía es el erotismo de los otros». Unos y otros distinguidos no por lo que se aprecia, sino por la calidad con la que se aprecia, por unos que aprecian mejor la diferencia entre lo que es un depravado y lo que es un virtuoso que entre un hombre que asoma y una vulva que se expone.

Por aquel entonces, yo vivía en un bajo. De mis vecinos, me separaba apenas un angosto patio de luces al que solían ir a parar las bragas del primero segunda o las colillas del estudiante del segundo tercera. La ventana de mi habitación, situada a los pies de mi cama, daba directamente sobre el dormitorio de mis vecinos. Aquella noche de verano, apagué la luz y me quedé de pie detrás de las cortinas. Pude verla pasar por delante de la ventana cuando sonó el timbre en su puerta, con su pecho descubierto y lo que me pareció un tanga de encaje. Pasó muy poco tiempo entre la llegada del visitante y la reincorporación de los dos a la habitación. Nunca había visto a aquel individuo. En el diálogo que pude oír, él se aseguraba de que su marido no regresaría aquella noche. Ella se lo ratificó y, en el encuadre que formaba mi ventana, lo besó.

Formalmente, la composición de una situación erótica de otra de carácter pornográfico puede diferir en cómo maneja cada una el concepto de lo explícito. La construcción erótica no hace explícita una situación, sino que anticipa que en algún momento esta situación pueda hacerse explícita. Es un devenir, una promesa. La construcción pornográfica ofrece una explicitud en un escenario cerrado, preconcebido, dado. Todo lo que se puede desvelar se desvela y todo lo que no está desvelado deviene accesorio, indiferente, insustancial.

En el erotismo, la «simulación» es primordial, la simulación deviene el paradigma de la representación erótica. En la pornografía, se busca eliminar la simulación para hacer la representación «real». En el cine erótico, por ejemplo, los actores actúan, «simulan»; en el porno, los participantes intervienen, «realizan».

Ambos, el erotismo y la pornografía, utilizan nuestra pulsión escópica, esa que lleva siempre nuestra mirada a intentar desvelar lo tapado, a descubrir lo obsceno (lo que está fuera de escena) para reconocernos. Pero mientras el erotismo la estimula, la pornografía pretende satisfacerla. La misma pulsión escópica que nos induce, por ejemplo, a adherirnos a los espacios televisivos (pornográficos) de ingerencia en las vidas ajenas, «realities» o espacios llamados de corazón (en general «telebasura», la que nos ofrece la revelación de lo obsceno, término que también puede tener como origen etimológico *ob caenum*, «de la basura».)

Erotismo y pornografía son útiles activadores de la libido. Al ser ambos, aunque la pornografía intente evitarlo, una «representación», nuestros mecanismos deseantes completan y se proyectan en la función que ambos nos exponen. A este respecto, no creo que, contrariamente a lo que se suele considerar, un planteamiento erótico sea más excitante que uno pornográfico. Depende sencillamente del *voyeur*, del testimonio que observa, porque los mecanismos de estimulación pertenecen única y exclusivamente a él.

Una salvedad: las maneras de representar nuestro estar sexual no predeterminan un juicio moral ni estético. Un crimen es un crimen por bien o mal planificado que esté y una genialidad es una genialidad independientemente del tiempo que se tarde en elaborar. Erotismo y pornografía son dos métodos de exhibición, dos propuestas para hacer visible, no dos juicios de valor sobre la moralidad del que los construye o del que los aprecia.

El visitante la abrazó por detrás, y mi vecina apoyó las manos sobre el quicio de la ventana con un gesto de satisfacción. Su cara se asomó al exterior unos centímetros. Me pegué contra la pared evitando ser descubierta, mientras apartaba ligeramente la cortina de mi ventana para que mi vista se filtrase por el hueco que dejaba. Vi como, desde atrás, le sujetaba un pecho con la mano izquierda mientras le bajaba con la derecha el tanga. Los oí musitar y jadear cuando él empezó a acercarse desde atrás. El empuje hizo que ella estirase los brazos proyectándose hacia arriba, de forma que el encuadre cambió. Perdí su cara, pero gané la línea superior de su pubis oscuro.

El erotismo de los adúlteros fue, aquella noche, mi pornografía.

Si al erotismo le pone nombre el amoroso Eros y a la pornografía una puta cualquiera, parece que los inventores de estos términos tenían claro lo que querían designar con ambos, pero detrás del erotismo o la pornografía, no hay un virtuoso o un depravado, sólo alguien con o sin talento y delante, no hay un esteta o un vicioso, sólo alguien que mira por la cortina o deja de observar.

Las flores del mal, antes que mal, son flores...

La religión y el sexo no se llevan bien

Aquella pieza era sin duda el inicio de la banderola que culminaba el mástil. Sin embargo, Raisha se empeñaba en ponerla a los pies del pato, entre el reflejo del agua y el nenúfar. «¿No ves que no encaja? Esa pieza no coincide con las otras con las que la estás poniendo... tiene que ir en el palo.» Raisha hacía oídos sordos. Le daba la vuelta a la pieza y volvía a intentar colocarla en el mismo sitio. Luego, la dejaba de lado y seguía con otras, hasta que sus dedos volvían a topar, como sin querer, con ella. Cuando sonó el timbre y nos dispusimos a salir al salón, Raisha, enfurecida, tiró la pieza. «Pero ¿por qué, en lugar de tirarla, no la pones donde te indico?», le pregunté, mientras acababa de abrocharme la blusa. «Porque esta jodida pieza no me gusta», respondió.

Resolviendo un puzle de quinientas piezas en uno de los tiempos muertos que pasábamos en el burdel.

A veces, preferimos ser fieles a nuestra estupidez que resolver un conflicto.

Raisha, una jovencita caprichosa que llevaba dos años trabajando en la «casa» cuando yo entré, era una de ellas. De origen ruso, pero de padre italiano y madre lituana, no se llevaba bien con Louise. Sin embargo, Louise se había ofrecido a mejorar su castellano, a permitirle dormir en su piso y no en la pensión de mala muerte donde vivía, y a cuidar a la pequeña hija de Raisha cuando ella trabajaba, para que no tuviera que dejarla en manos de un amigo búlgaro de intenciones muy poco claras. Pero Raisha no consentía en trabar amistad con Louise. Bajo su animadversión hacia Louise, se escondía el miedo de Raisha, su inseguridad por considerarla más guapa y más hábil que ella y su amargura por no comprender la amabilidad gratuita de Louise. Raisha, sin embargo, no paraba de hablar de ella todo el día (aunque fuera para criticarla) y no se perdía un solo gesto de Louise para regularizar su estado de ánimo en función de él (si Louise sonreía, ella fruncía el ceño, si Louise reía, ella se lamentaba).

Solemos hacer incompatible con nosotros lo que no queremos entender, y nos conforta más sentir miedo a lo que no entendemos que satisfacción por lo comprendido. A la religión, con el sexo, le ocurre lo mismo. Quizá sea por eso por lo que las religiones de la mortificación y la castidad son las que más dependen de la sexualidad humana.

«Admirar» significa etimológicamente «mirar hacia»; las religiones de la santa cruzada contra el sexo «admiran» el sexo. Y mucho. Tanto es así que se puede definir una religión por el tratamiento que hace de la sexualidad. Cuando una religión nos dice que la sexualidad es sucia, pecaminosa, viciosa o inmoral, no nos está diciendo que el sexo sea eso, sino que ella es una religión idealista, antimaterialista, irracional y penitente. No conviene olvidar eso.

Tanta es la dependencia que manifiestan hacia el «hecho sexual humano» que, más que religiones, se convierten en auténticos tratados en torno al «uso» de la sexualidad (aunque no figure en su decálogo una sola reflexión sobre la propia sexualidad y en el cristianismo, por ejemplo, lo único que pueda parecerse a un tratado amatorio sean los relatos de pecados recogidos en los libros de confesores). Sólo evitan esta conformación de «tratados morales de la sexualidad» aquellas religiones que son formas de entendimiento, aquellas que son esfuerzos para entender al mundo y al hombre y no formas de usarlo para someterlo.

Es tanta su fijación sobre la sexualidad que estas auténticas escuelas de proselitismo moral revelado creen que sexo y moral son lo mismo, que cualquier acción realizada desde nuestra condición de seres sexuados conlleva implícita una regulación moral sancionadora y una valoración moral inculpatoria. Y acaban confundiendo a los feligreses y a los que no lo son, pero viven inmersos en su cultura de la culpa.

La religión, con demasiada frecuencia, sirve mucho más para «regular» el tráfico que para «religar» al hombre con su sentido de lo absoluto. Tampoco conviene olvidar eso. Cuando de un sentimiento humano perenne y original como el de trascendencia se hace un oficio, ocurren estas cosas; cuando no es el sentimiento al que dejamos hablar, sino a un «oficiante» de él, éste hace, en su nombre, estas cosas. El problema de la religión son los oficiantes religiosos, y el problema de los oficiantes religiosos es que hacen de la religión su sustento.

Louise tenía de cliente a un sacerdote católico. Era un tipo particular que vivía absolutamente obsesionado por dos cosas: el practicar sexo y el evitar pagar los servicios de Louise (quizá por haber hecho voto de pobreza...).

Personalmente, siento cierta inclinación por las personas que son capaces de cuestionarse y de cuestionar los dogmas para obrar en consecuencia con sus creencias. Personalmente, siento repugnancia por los corruptos. El «cura» de Louise era de los segundos. En el burdel, baboseaba sobre todo lo que pasara por sus proximidades, mientras fuera, seguía predicando y exigiendo de los demás mortales contención sexual y recato moral. Nunca vi en sus ojos la más mínima señal de duda.

Cuando Louise, harta ya de su mezquindad y de su cicatería, lo mandó de vuelta a la parroquia, él se echó a los brazos de Raisha. Hicieron magníficas migas. A ella le bastaba con saber que la prefería a Louise y al otro le bastaba con meterla en caliente de franco. Entre los dos hicieron correr el bulo de que Louise padecía de un herpes genital, cosa que hizo que Louise tuviera que acabar abandonando aquella casa.

Interpretar el sexo como algo contaminante no ha sido siempre consustancial al cristianismo. Han sido numerosas las «herejías» que, incluso dentro de esta religión del amor fraternal, han intentado conciliar el uso de la sexualidad con la doctrina evangélica. Pero ya sabemos cómo se las gasta la ortodoxia con la heterodoxia, y si es en el nombre del Padre, más.

Los hermanos y hermanas del Libre Espíritu, una herejía que se funda en el siglo XII, de raíces gnósticas, niegan cualquier autoridad eclesiástica terrenal. En su carácter panteísta, manifiestan la ausencia de pecado (por ser Dios el Todo y estar el pecado ajeno a Él) y hacen efectiva la inmolación del hijo para redimir a los hombres del pecado (Cristo en verdad, con su sacrificio, libró de pecado al hombre). Repudian, por tanto, los sacramentos (inútiles cuando no se «puede» pecar), hacen del infierno y del cielo estados anímicos (el segundo derivado del conocimiento y el primero de la culpa ignorante) y proclaman el gozo como santificación de Dios y el sexo como ofrenda a su manifestación. Libertinos y hedonistas fueron todos pasados por la pica, algunos de ellos, según cuenta Michel Onfray, ajusticiados, otros, como Amaury de Bène, inhumados, quemados sus restos y esparcidos por los pastos. Cualquier cosa en nombre del amor y la caridad cristiana.

Beguinos, bigardos, goliardos, sarabaítas, picardos, adamitas, pietistas de Königsberg, nicolaítas, los chlystes (que de ascetas pasaron a condenar sólo las relaciones sexuales que se mantuvieran dentro del matrimonio y a fomentar el resto), los carpocratianos... herejes, la mayoría místicos, que en mayor o menor medida y partiendo de suposiciones muy diversas, intentaron hacer, dentro de los preceptos del cristianismo, mediante la entrega voluntaria de sus cuerpos y de su capacidad para recibir y provocar placer, una verdadera praxis del amor al prójimo.

Pero hacer del mundo un estado sensible donde la satisfacción es posible y de nuestra sexualidad un regalo para ofrecer cuando se pide y no la condena que no se pide, es algo que los que prefieren rebaños a personas no toleran con misericordia. La lógica masoquista en la que no hay más recompensa que la que procura la exaltación del sufrimiento tiene muchísimos más seguidores de los que encontramos a los pies de las «dóminas». Éstos, al menos, saben lo que hacen, no imponen el proselitismo de su preferencia y revierten la mortificación en placer erótico (no la mortificación en mortificación), quizá por eso, y por ser el «retrato» irónico de los que no se reconocen, también son marginados.

La orgía (la «celebración de Dionisos») es el acto de desprendimiento por excelencia, de despojamiento de los egos viciados en la búsqueda de algo mayor, que los trasciende. Sólo existe un placer que se persigue: el común, la unidad de intervención es la comunidad, no los individuos. Es una manifestación religiosa paradigmática. En ella, se sintetizan y se ejecutan en acto todos los principios conceptuales que conforman el fenómeno religioso: la manifestación del amor a lo divino en el prójimo, el amor al otro que se conforma como *yo* mediante la entrega gratuita y ejemplar, la trascendencia para alcanzar místicamente (sin confesores ni gestores) una comunión directa con el sentido de la divinidad, la generación de un comportamiento que persigue el gozo... Sin dependencias de los sistemas sociales de control, demostrando que somos algo más que aquello de cómo nos caracterizan y contraviniendo los «códigos de circulación», inútiles en los páramos abiertos. Siendo amoralmente éticos.

Las expresiones de gozo suelen ser aclamaciones a la divinidad. Dios aparece mucho más en los orgasmos que en las charlas teológicas. Han hecho falta siglos de represión carnal, de mortificación de los sentidos y de neurosis culpabilizadora para olvidar eso. Y para convertir la orgía en lo que hoy es una orgía.

Sexo y religión son piezas de un mismo puzle, en el que el modelo es el ser humano. Un puzle de millones de piezas, para el que los sabios emplean una vida en completar, mientras los temerosos, los que descartan las piezas que «no les gustan», no completarán nunca. Aunque crean lo contrario y nos lo manifiesten desde tarimas. Porque para ellos, no hay más modelo que el que se inventaron ni más montaje que el que son capaces de completar.

Porque ellos confunden una pieza con el puzle.

La estimulación anal es cosa de homosexuales

Oscuro y arrugado como un clavel violeta
Entre el musgo respira humildemente oculto,
Húmedo aún del amor que la pendiente sigue
De las nalgas blancas al borde de su abismo
                                                                    (...)
Soneto al ojo del culo
PAUL VERLAINE y ARTHUR RIMBAUD
(Los dos primeros cuartetos del soneto fueron de Paul
Verlaine, los dos tercetos de cierre los escribió Rimbaud.
Lo crearon como mofa del poemario que Albert Mérat dedi-
có a la mujer y en el que loaba sus distintas partes del cuerpo.
Mérat no dijo nada del, también femenino, ojal de los glúteos.
Verlaine y Rimbaud taparon ese hueco.
Posiblemente después de, o durante, una noche de amor.)

La virtud, como todas las catalogaciones morales, ha sido como dice la celebérrima aria del *Rigoletto* de Verdi de la mujer, *mobile, qual piuma al vento, muta d'accento, e di pensiero*. Voluble, como una pluma al viento, cambia de palabra y de pensamiento; así ha sido, y es, el «inmutable» código moral que ha regido nuestra sexualidad.

Entre las prácticas «virtuosas», las propias del varón (las del *vir*), las varoniles, estaba, en la íntegra Roma antigua, la sodomización. Pero las reglas virtuosas, la moral de entonces, exigían que el virtuoso debía ser un sujeto activo, el «penetrador» (quizá por eso, de manera despectiva, mandamos más a que den por ahí que a dar por él) y siempre con alguien de una clase inferior, un esclavo o un *homo* (un hombre esclavizado, que se rige por el código *humanitas* del sometido, no por la *virtus* del dominador). La virtuosidad de la época no contemplaba la edad del sujeto receptor de la sodomización, y mucho menos el género, sólo la clase social y la «masculinidad» con la que se realizaba. El ano era una puerta de entrada más para los masculinos virtuosos, y el recto, un conducto «respetable».

Las leyes que hacen de nuestra sexualidad un hecho «productivo», generador, en el que la vagina y el coito son la vía y la práctica, no siempre han estado tan arraigadas, al menos en un tiempo en que la homosexualidad no era mal vista, ni tampoco bien vista, porque ni siquiera existía.

De esa *virtus* romana que permitía el acceso carnal por la retaguardia sin hacer de ello una orientación sexual, parece que sólo se han quedado los virtuosos varones heterosexuales de hoy en día con lo de «dar» y no «recibir».

La invitada intentaba dar una explicación sobre la diferencia entre preferencia y orientación sexual. La presentadora llevaba ya demasiado tiempo callada, prácticamente once segundos. «¿Cuál sería entonces la orientación de Superman?», preguntó, sin que absolutamente nadie, salvo quizá ella, supiera a qué cuento traía esta pregunta. La entrevistada titubeó desconcertada, pero aun así intentó dar una respuesta. Demasiado tarde. La presentadora se contestó a ella misma: «Bueno... Superman es antracita».

Anoté cuidadosamente la respuesta. Ahuequé un poco el cabello, cerré los labios para quitar el exceso de pintura y me dispuse a entrar en el plató. Tras esta charla, se iniciaba mi sección en el programa.

Creo que fue el psicoanálisis el primero que fijó aquello de «orientación sexual», el mismo que habla de «pulsiones» y de «estados latentes». El mismo que ha hecho del descubrimiento de la culpa la razón de la culpa. En las sesiones psicoanalíticas, el paciente «crea», con la mano hábil del narrador psicoanalista, su culpa. El psicoanalista se convierte en una especie de tutor en este «curso literario» que guía y orienta al psicoanalizado en la escritura de su culpa. La terapia dura lo que tarda en escribirse esa culpa. En este sentido, hablar de orientación en lugar de preferencia es un buen argumento para definir una culpa, y hacer del ano el personaje central de la historia, un buen recurso. En el sexo que nos dictan, hay que ser, no preferir. Y según lo que seas y no lo que prefieras, debes usar uno u otro. Así es mucho más sencillo.

Hacer de la antracita (o de la «kryptonita») una orientación sexual ya es otra historia.

Dos datos, no se me olviden:

1. El agujero más sucio del cuerpo (en cuanto a la concentración de bacterias que alberga) no es el ano, sino la boca.
2. El recto contiene más terminaciones nerviosas que la vagina.

El cine porno heterosexual no suele contemplar en ningún momento el que a alguno de los fornidos «dadores» se les introduzca ningún cuerpo extraño en el recto. En contraposición, en el cine porno gay, la sodomización es una pieza clave de la puesta en escena. El observador heterosexual se reafirma en preservar su sacro agujero anal, mientras el homosexual se ve recomendado a fomentar el libre tránsito por la parte última de sus intestinos. Nuevamente lo uno o lo otro.

Sabemos que el porno, mucho más allá de cuestionar, tiene una especial predilección por afianzar el modelo. La escenografía de sus acciones es una cuidadosa selección de lo que la normativa del discurso moral del sexo establece, reflejado de la manera más estandarizada posible. Por más especificidades que el porno aborde (bestialismo, fetichismo, coprofilia...), en cada una de ellas, recurre a lo que de normatizado y estandarizado tiene cada una de esas eróticas.

«¡En el culo!», gritó Jean-Marie cuando preguntó el *speaker* dónde debía colocarse la nueva reforma en la educación que la Asamblea Nacional estaba a punto de aprobar. Fue durante una de las múltiples movilizaciones a las que acudíamos en Francia los que, por aquellos años, cursábamos estudios universitarios.

Jean-Marie era un anarquista homosexual que, en una noche de borrachera (casi tan frecuentes éstas como los días de movilizaciones), me declaró la angustia que le producía la práctica de la penetración anal. Él mismo, que solía parafrasear la sentencia de uno de sus ideólogos políticos: «El culo es, en el hombre, la parte más despreciable de su anatomía; en la mujer, el sitio donde se asienta su dignidad».

Algo con lo que, quizá, no estuvieran muy de acuerdo los exquisitos exegetas del tercer ojo, Verlaine y Rimbaud. La palpación rectal, además de una ciencia, es un arte.

Existen enfermedades de transmisión sexual

Mauro se acercó a mí y me susurró: «Allí».
Al día siguiente, desperté acatarrada.
De las enfermedades de transmisión por charla, además del catarro o la melancolía, tiendo a evitar la estupidez y la gripe. Cuando se acerca a mí un estúpido, siempre le ruego que no hable.
Las palabras son un peligro.

El nombre de «enfermedades venéreas» cae en desuso. Demasiado ambiguo y genérico en tiempos en los que de Venus se sabe ya poco y se le rinde menos culto. Su sustituto ha sido el de «enfermedades de transmisión sexual» (o ETS, como acrónimo para aquellos a los que no les gustan las parrafadas, no se han licenciado en una escuela técnica superior, o temen que, al decirlo, pasen un catarro) o más recientemente el de «infecciones de transmisión sexual». Pero, mientras se discute sobre si son enfermedades o infecciones, nadie parece dudar de que la vía de transmisión de estas dolencias sea el sexo.

Al «hombre del saco» le cabe todo en el saco. Mientras mayor sea el saco, más atrocidades se le pueden atribuir y más miedo puede infundir su figura. Son curiosas las escaladas terroríficas que los adultos, con los niños (y con los propios adultos), son capaces de construir. Si no te tomas la leche, tus músculos se resentirán, cuando tus músculos se resientan, tu organismo dejará de crecer, ello provocará una «endeblez» generalizada que te acabará convirtiendo en un adulto disminuido que será la mofa de sus congéneres, incapaz de defenderse de sus burlas, de fundar una familia y de devenir un ser humano «normal». Acabarás como el Innombrable de Beckett o el Enano Saltarín de los hermanos Grimm... todo por no tomarte un vaso de leche. Secuencias espeluznantes que, en formas de nanas, cuentos infantiles, de anatemas o de previsiones de la OMS, enseñan mucho mejor lo que es el miedo que lo que es evitar el riesgo.

Tuve la primera candidiasis genital a los quince años. En la primavera. Mis diarios, en los que explicaba mis incipientes escarceos sexuales, acababan de haber sido descubiertos por mi madre, junto a las pastillas anticonceptivas y una carta de amor. Inmediatamente, todos los ojos se volvieron contra mí.

La relación de enfermedades derivadas de algunas prácticas asociadas a la interacción sexual es verdaderamente escalofriante. Y cierta. Entre las que el agente patógeno es una bacteria, se pueden relatar la gonorrea, la sífilis y la clamidea. Entre las víricas, el VIH, VPH, el herpes genital o la hepatitis. También pueden venir ocasionadas por la acción de un hongo (como la cándida) o de un parásito (el caso, por ejemplo, de las ladillas). Muy pocas de estas enfermedades son «exclusivamente» transmitidas por el contacto sexual, la mayoría tiene, además de ésa, otras vías de transmisión, es el caso, por ejemplo, del VIH (sida).

Frente a todas ellas, el mejor y único método de profilaxis es el «impermeabilizar» en lo posible los tejidos de las mucosas con el uso del preservativo. Naturalmente, ideologías de carácter puritano recomendarán la abstinencia más estricta, pero no hay que olvidar que las mayores fuentes de transmisión de enfermedades, a poco que nos relacionemos con el mundo, son el aire y el agua. Dejar de respirar o de beber no resulta especialmente recomendable, mejor las mascarillas o el agua embotellada cuando hay riesgo.

Decíamos que esas enfermedades utilizan del «contacto sexual» para su transmisión. Los «conductores» son los genitales, pero no el sexo. Como la gripe se transmite por el aire y no por la palabra. De ahí que, del mismo modo que no hablamos de «enfermedades de transmisión discursiva», no deberíamos hablar de enfermedades de transmisión sexual, sino de «enfermedades de transmisión genital» (ETG para los amantes de las pocas palabras). Salvo, naturalmente, que queramos volver a incriminar al sexo y fomentar un carácter problemático, que él, que posiblemente no quiere problemas, aceptará sin rechistar.

Cuando las primeras recriminaciones llegaron, de nada sirvió el que yo insistiera en que no había mantenido relaciones sexuales. Mi madre lo tenía claro. Mientras, la cándida seguía haciendo de las suyas, y yo, más cándida que la cándida, decidí hacer rápidamente partícipe a mis amigas de lo sucedido. Fue entonces cuando, en lugar de comprensión, llegaron las segundas recriminaciones. Mis amigas también lo tenían claro. Entre todas, mi madre, mis amigas (o lo que a ellas les habían dicho las madres de mis amigas), desencadenaron la avalancha. «Seguro que ha sido Jean Baptiste... es un tío muy guarro.» «¡Pero si yo nunca he estado con Jean Baptiste...!» Era igual. De nada servía el que yo siguiera insistiendo en que no podía ser por eso; ellas parecían conocer mejor que yo el uso al que habían estado sometidos mis genitales. Y la progresión de culpas, amenazas y terrores crecía en la misma proporción en que aumentaba el picor en la vagina.

Las enfermedades hereditarias son aquellas en las que el individuo afectado no es «responsable» de padecerlas; no ha enfermado por haber tomado una iniciativa, por actuar, sólo por estar vivo y haber aceptado, involuntariamente, un código enfermo. En ellas, no hay un «culpable», salvo los padres, pero ellos nunca pueden ser culpables (posiblemente, por ello no se denominan «enfermedades testamentarias»). Sin embargo, a estas enfermedades «inevitables» en las que no se responsabiliza a nadie de que acontezcan, ni al paciente heredero ni al donante contagioso, no se nos ocurre llamarlas «enfermedades de transmisión sexual», cuando, inevitablemente, se han contraído por una interacción sexual; la misma que nos concibe. No, la «transmisión sexual» existe cuando existe una culpa en la profilaxis y puesta en práctica de determinado intercambio sexual.

El ginecólogo nos había concedido hora para dos días más tarde. Cuando llegué a su consulta, me temblaban hasta las orejas. Fue nada más sentarme y que mi madre empezara a relatar los síntomas que padecía, cuando poniéndome en pie, solté entre lágrimas un «¡pero si yo no me he acostado con nadie!». El ginecólogo intentó tranquilizarme, mientras yo, compungida, apenas podía balbucear nada.

El diagnóstico fue una infección por una sobrepoblación de cándidas. El médico nos explicó, tanto a mí como a mi madre, lo que aquello significa y las múltiples formas en las que, de manera natural y sin mediar intercambio genital, se podía producir esta infestación. «Pero también por mantener relaciones sexuales», dijo mi madre. «Ocasionalmente, pero estoy seguro de que no ha sido éste el caso», respondió el médico. Me pareció ver a mi madre mirando hacia otro lado, como no queriendo escuchar, lamentando que, de alguna manera, le hubieran quitado los cartuchos a aquella escopeta cargada de culpa que tanto le había costado cargar. Las madres siempre tienen buena intención, pero, a veces, olvidan lo que escuecen los perdigones de culpa en el culo.

Al concluir su charla, me recetó unos óvulos traslúcidos de antibiótico, que acabarían en un par de días con la infección, e hizo salir a mi madre de la consulta. A solas, sin ningún atisbo de alarmismo, me informó que debía ser muy responsable con las relaciones sexuales y que debía llevar siempre preservativos y exigir, sin ningún pudor, que se utilizaran.

Mi madre quiso saber lo que me había dicho el ginecólogo mientras había estado a solas con él.

«Que tengo un pelo muy bonito», le dije.

A las enfermedades de transmisión genital, hay que tenerles el respeto debido, algunas de las que se pueden contraer de esa manera permiten muy pocas bromas. Pero ser taxativos en los usos preventivos que empleemos en las interacciones sexuales que podamos mantener no pasa necesariamente por estar aterrorizados ante ellas, por culpar de ellas a quien no tiene ninguna culpa, ni por hacer una condenación al infierno del hecho de no haberse tomado un vaso de leche (yo suelo, en cualquier caso, tomarme el vaso de leche; una buena felación, a veces, sienta bien antes de acostarse).

El miedo también es una enfermedad contagiosa de difícil cura. Hablemos, bebamos, amémonos y respiremos, sin que por ello olvidemos nunca lo que estamos haciendo. Y pongámosle, a lo que nunca desearíamos nombrar, el nombre que mejor lo explica. ETS, ETG... ETC.

La sexología es cosa de médicos o psicólogos

—¿Por qué ese señor con bigote le pone la mano por detrás a Piolé?

Piolé era un muñeco con cara de pollo y vestido de cowboy que el ventrílocuo apoyaba sobre sus rodillas.

—Porque él es quien le pone voz al muñeco —le respondí.

Sylvie se quedó un momento pensativa.

—Y si es este señor el que habla, ¿por qué no lo hace directamente?... ¿No se atreve a decir él estas tonterías?

Unos años atrás, viendo la tele acompañada de Sylvie, la hija de una compañera de trabajo.

Santa inocencia.

El sexo es el muñeco de cartón de muchos ventrílocuos. En el nombre del sexo hablan sociólogos, antropólogos, etnólogos, biólogos, psicólogos, psicoanalistas, psiquiatras, ginecólogos, andrólogos, Papas y una tía mía de la Champagne. Cada uno le da su discurso. Unos le hacen hablar de su cultura, otros le hacen contar su naturaleza bioquímica, otros le dan voz para abordar las afecciones anímicas de los seres sexuados, otros la organicidad de los genitales que sexuan y muchos otros, simplemente, le ponen la tontería en la boca.

Pero, no nos engañemos, con la excusa del sexo, de lo que se habla no es de sexo, sino de sociología, de biología, de psicología, de anatomía o de religión. Lo que conforman todos esos discursos son las propias disciplinas que los emiten, pero no el sexo. Si a través de una estadística la sociología nos muestra la incidencia de determinado comportamiento sexual, lo que es verdaderamente significativo es que la sociología emplea, para sus análisis y valoraciones sociológicas, la estadística. Porque se está haciendo sociología y no sexo. Si, por ejemplo, una religión de la abstinencia, la castidad y la mortificación nos habla de sexo, no debemos creernos que la naturaleza del sexo sea eso, sino que ésa es la naturaleza de esa religión.

Discursos sobre el dibujo en los que se dibujan bodegones, marinas o retratos, nunca nuestra propia capacidad de dibujar. Y por encima de todos los señores con bigote, el Gran Ventrílocuo del sexo: la moral. Mientras, el sexo calla y mueve los labios. Un pato no entiende nada de ornitología, pero es un pato.

En la tarea de hablar del sexo desde el propio sexo, lo primero será devolverle su voz, «indisciplinarlo» y luego, si se quiere, apreciar las explicaciones que de él se dan desde ciertas disciplinas. Después, no hablar en su nombre desde la moral, no hacer de él aquello que nos dice lo que está bien o lo que está mal, sino lo que somos; «desmoralizarlo» y luego, actuar en él éticamente. Para todo ello, para indisciplinarlo y para desmoralizarlo, sigue en «fase de construcción» algo que se ha dado en llamar «sexología»: la voz que haría inteligible el sexo desde el sexo.

La señora visita a un psiquiatra con su hija a la que le embarga la melancolía. El psiquiatra, después de examinarla, le dice que a su hija lo que le haría falta es un buen coito. La señora, preocupada, le dice al galeno que se lo procure. Al cabo de un rato sale la hija sonriente, y la madre, entusiasmada, le dice al médico:

—Doctor, porque usted y yo sabemos lo que es un «coito», porque si no, se diría que se ha pasado a mi hija por la piedra...

Lo que es un «coito» es otra cosa que la sexología, contrariamente a las apariencias, también tendría que explicar. Cuando un problema psiquiátrico se manifiesta en el sexo, se debe acudir al psiquiatra, cuando existe un problema orgánico en el aparato reproductivo, se debe visitar a un ginecólogo o a un andrólogo, cuando queremos saber cómo se manifiesta el sexo en una cultura, se debe oír la opinión de un antropólogo y cuando un delincuente delinque en el uso de su condición de ser sexuado, debe ir a los juzgados. Sobre eso estamos todos de acuerdo.

El tener como preferencia erótica, por ejemplo, el *voyeurismo* no es un problema psiquiátrico, el que esa elección comporte una neurosis no es un problema psicológico, lo es de entendimiento del hecho sexual. El tener, por ejemplo, una disfunción eréctil o eyaculatoria o vaginismo no es, en el 99,9 por ciento de los casos, un trastorno orgánico, es un asunto de entendimiento de lo que es el sexo.

Sin embargo, cada vez que nos asalta una «alteración» como las precedentes, acudimos al médico (psiquiatra o del aparato reproductor) o al psicólogo o al confesor; porque hemos hecho del sexo una patología. Hemos «medicalizado» nuestra condición de seres sexuados y hemos dejado que la moral, venga de donde venga, sea quien la juzgue (cuando uno no tiene más que no hacer daño al otro, y el otro y el uno, que no dejarse engañar por la cháchara de los demás).

Una vez, alguien me dijo al oído lo siguiente: «Busca quién te solventa el problema y tendrás, muchas veces, el que lo ocasiona» (los políticos suelen ser un magnífico ejemplo de esa máxima). Será porque, muchas veces, los mismos que nos absuelven nos inculcaron la culpa.

Al sexo lo hemos «normatizado» (tantas veces, de tantas formas y en tanto tiempo), lo hemos «normalizado» (tanto mide, tanto dura) y lo hemos hecho «finalista» (el famoso «coitorgasmo»), consiguiendo que se convierta en una actividad neurotizante. Que genera la neurosis de la culpa, y sus vástagos, la pena y la angustia.

Querer cortarse las uñas con una llave inglesa es muy frustrante, pero el origen de la neurosis es tan sencillo como saber para qué sirve una llave inglesa. Conviene que algunos que saben lo que es una llave inglesa lo expliquen, sin contarnos solamente los huesos que se pueden romper golpeando con ella, sin hacer que nos olvidemos la llave inglesa en casa porque estamos obsesionados con ponernos los guantes de soldador antes de usarla y sin dedicarse a curar las posibles lesiones que pueda ocasionar el uso de una llave inglesa, como si esas lesiones partieran de otra cosa que no fuera el hecho de no saber usar una llave inglesa.

La sexología puede ser el gran enemigo de la moral, quizá por eso, su existencia, pese a tener cien años de historia, sigue difuminada como una palabra rotulada en tinta a la que le hubiéramos escupido encima. Es una sabiduría sin formación específica propia (al menos, en España), sin colegiados, con sus puertas abiertas de par en par para el intrusismo y la charlatanería y sigue siendo tan extraña y puede llegar a ser tan demoledora que ni siquiera le hemos encontrado ni la necesidad ni el merchandising.

He conocido a lo largo de mi trayectoria y de mi formación a extraordinarios sexólogos; algunos actúan como tal, otros lo hacen bajo el amparo de las ciencias médicas y otros, desde la más profunda reflexión en las catacumbas de algún aula donde todavía se puede fumar. A todos ellos, mi ánimo y mi respeto.

Era una mañana de finales de marzo de 2007 y los ciruelos empezaban a mostrar las yemas de sus flores blancas. Allá en Japón, los tambores «taiko» debían tronar celebrando el fin del invierno. En casa, sonaba *Montescos y Capuletos,* de la suite de baile *Romeo y Julieta,* de Prokofiev. Tenía el sabor del eretismo todavía en el aliento y el olor de su piel en mi retina. Me incorporé en la cama y cogí la libreta en la que en la noche anterior había anotado algunas cosas que me habían interesado de la lectura de Elfriede Jelinek. Aparté de mi regazo a Monsieur Alfred, el gato mitad siamés mitad yo, que habíamos recogido hacía un año de un refugio, y con el mismo lápiz que había utilizado, empecé a escribir este libro.

Y anoté: *Antimanual de sexo.*

Para contar cosas como éstas.

Para hablar de Piolé, de los patos y de las llaves inglesas.

Agradecimientos

A Jorge de los Santos, el que me despierta por las mañanas, el que me acuna por las noches y pocas veces me duerme. Gracias, mi amor, por ayudarme en la construcción de este libro y por suministrarme fuentes inestimables a las que, sin ti, no hubiese podido acceder.

A Ana Lafuente y a Belén López, dos seductoras que han hecho de estos Temas, Hoy, mi Planeta.

A Efigenio Amezúa, el sabio, que hizo del sexo el Sexo. Por enseñarnos a pensar en una sociedad que no nos quiere «pensantes» (sólo «biempensantes»).

A los que lean mi gratitud y sepan a lo que me refiero.

Al Trankimazin y al Lormetazepam (de 2 mg cada uno). A ellos también.

Bibliografía

AA.VV., *Antropología de la sexualidad y diversidad cultural*, Nieto (José Antonio), Madrid, Editor, Talasa Ediciones, S. L., 2003.

—, *Biblia de Jerusalén*, Madrid, Bilbao, Alianza Editorial, Editorial de Desclée de Broker, S. A., 1994.

—, *Dictionnaire de la pornographie, sous la direction de Philippe di Folco*, Paris, Presses Universitaires de France, 2005.

—, «Elfriede Jelinek», *Austriaca numéro 59*, Cahiers Universitaires d'information sur l'Autriche, Études réunies par Jacques Lajarrige, Université de Rouen, Centre d'Études et de Recherches Autrichiennes, Mont Saint Aignan, 2004.

—, *La evolución de la sexualidad y los estados intersexuales*, Botella Llusiá (J.) y Fernández de Molina (A.) (Eds.), Madrid, Ediciones Díaz de Santos, S. A., 1998.

—, *Libros de amor del Oriente*, Clásicos Bergua, Madrid, Ediciones Ibéricas, 1993.

—, *Sexualidades. Diversidad y Control Social*, Guasch (O.) y Viñuales (O.) (Eds.), Barcelona, Ediciones Bellaterra, 2003.

Amezúa (E.), *Educación de los sexos: la letra pequeña de la educación sexual*, Revista española de sexología, Extra doble n.º 107-108, Madrid, Publicaciones del Instituto de Sexología, Incisex, 2001.

—, *Teoría de los sexos: la letra pequeña de la Sexología*, Revista española de sexología, Extra doble n.º 95-96, Madrid, Publicaciones del Instituto de Sexología, Incisex, 1999.

Ancillon (C.), *Traité des eunuques*, Paris, Editions Ramsay, 1978.

Bataille (G.), *El erotismo*, Barcelona, Tusquets Editores, S. A., 1988.

—, *Historia del ojo, Buen Amor, Loco Amor*, Paris, Edición Ruedo Ibérico, 1977.

—, *Las lágrimas de Eros*, Barcelona, Tusquets Editores, S. A., 1997.

Baudelaire (C.), *Las Flores del Mal*, Madrid, Ediciones Júcar, 1998.

Chamfort (Nicolas de), *Maximes et anecdotes*, Paris, Nouvel Office d'édition, 1963.

Cox (H.), *Las fiestas de locos*, Madrid, Taurus Ediciones, S. A., 1983.

Crébillon (C.), *Le Sylphe, Mil et une Nuits*, La petite collection, 2000.

Deleuze (G.), *Critique et Clinique*, Paris, Les Éditions de Minuit, 1993.

Deleuze (G.) y Guattari (F.), *El Anti-Edipo. Capitalismo y esquizofrenia*, Barcelona, Buenos Aires, Ediciones Paidós Ibérica, S. A. y Editorial Paidós, SAICF, 1985.

—, *Mil mesetas. Capitalismo y esquizofrenia*, Valencia, Pre-Textos, 1994.

Doudet (E.), *L'amour courtois et la Chevalerie, des troubadours à Chrétien de Troyes*, Librio, Paris, Flammarion, 2004.

Ellis (H.), *Psychology of sex*, New-York, Mentor Books, The New American Library of World Literatura, Inc., 1954.

—, *The task of social higiene*, Constable and Company, 1912, London.

Esopo, *Fábulas*, Madrid, Alianza Editorial (Clásicos de Grecia y Roma), 2000.

Foucault (M.), *Historia de la sexualidad, Tomo 1: La Voluntad de saber*, México, Madrid, Siglo Veintiuno Editores, S. A. en coedición con Siglo XXI de España Ed., S. A., 1992.

—, Historia *de la sexualidad, Tomo 2: El uso de los placeres*, México, Madrid, Siglo Veintiuno Editores, S. A. en coedición con Siglo XXI de España Ed., S. A., 1993.

—, *Historia de la sexualidad, Tomo 3: La inquietud de sí*, Madrid, México, Siglo XXI de España Ed., S. A. en coedición con Siglo Veintiuno Editores, S. A., 1987.

Freud (Sigmund), *Tres ensayos sobre teoría sexual y otros escritos*, Madrid, Alianza Editorial, 2003.

Hadot (P.), *¿Qué es la Filosofía Antigua?*, México D.F., Fondo de Cultura Económica, 1998.

—, *Plotin ou la simplicité du regard*, Paris, Gallimard, Collection Folio/Essais, 1997.

Hirschfeld (M.), Abraham (F.), Vachet (P.), *Perversions sexuelles*, Paris, Les Editions Internacionales, 1931.

Izzi (M.), *Diccionario ilustrado de los monstruos*, Palma de Mallorca, Ediciones Alejandría, José J. de Olañeta Editor, 2000.

Jarry (A.), *Ubu roi. Ubú rey*, Colección Erasmo, Barcelona, Editorial Bosch, 1979.

Jelinek (E.) y Lecerf (C.), *L'entretien*, Paris, Seuil, 2007.

Klossowski (P.), *Sade mon prochain*, Paris, Editions du Seuil (Points-Essais), 2002.

Krafft-Ebing (Dr. R.V.), *Psychopathia Sexualis*, Paris, Payot, 1950.

La Fontaine (J. de), *Fábulas*, Madrid, Ediciones Internacionales Universitarias, S. A. (Eiunsa), 1998.

Laërce (D.), Vies *et doctrines des philosophes illustres*, Paris, Le Livre de Poche, La Pochothèque, 1999.

Lucrecio, *De la naturaleza de las cosas*, Madrid, Ediciones Cátedra, 1999.

Maffesoli (M.), *De la orgía. Una aproximación sociológica*, Barcelona, Ariel, 1996.

Marañón (G.), *Ensayos sobre la vida sexual*, Madrid, Espasa-Calpe, S. A., 1969.

María Panero (L.), *Poesía 1970-1985*, Madrid, Colección Visor de Poesía, 1993.

Masters (W.) and Johnson (V.), *Human sexual response*, Boston, Little, Brown & Company, 1966.

Onfray (M.), *L'art de jouir*, Le Livre de Poche, Paris, Editions Grasset et Fasquelle, 1991.

—, *L'invention du plaisir*, Paris, Le Livre de Poche, Librairie Générale Française, 2002.

—, *Le christianisme hédoniste. Contre-histoire de la philosophie 2*, Paris, Grasset, 2006.

—, *Tratado de ateología*, Barcelona, Editorial Anagrama, Colección Argumentos, 2006.

Ovidio, Amores. *Arte de amar*, Madrid, Ediciones Cátedra (Grupo Anaya), 2004.

Paglia (C.), *Sexual Personae. Arte y Decadencia desde Nefertiti a Emily Dickinson*, Madrid, Valdemar, 2006.

Pellegrini (R.), *Sexuología*, Madrid, Ediciones Morata, 1968.

Platón, *Diálogos*, México D.F., Editorial Porrúa, S. A., 1993.

Quignard (P.), *Albucius*, Paris, Collection Folio, Gallimard, P.O.L. Editeur, 1990.

—, *El sexo y el espanto*, Barcelona, Editorial Minúscula, S. L., 2005.

Robert (J.N.), *Éros Romain*, Paris, Hachette Littérature, 1998.

Rocco (A.), *Alcibíades, muchacho, en la escuela*, Barcelona, Ultramar Editores, 1990.

Rodríguez Santidrián (P.), *Diccionario de las religiones*, Madrid, Alianza Editorial, 2004.

Rougemont (Denis de), *Les mythes de l'amour*, Paris, Albin Michel, Format de Poche, 1996.

Sánchez (C.), *Arte y erotismo en el mundo clásico*, Madrid, Ediciones Siruela, S. A., 2005.

Savater (F.), *Ensayo sobre Cioran*, Madrid, Colección Austral, Espasa-Calpe, 1992.

—, *Idea de Nietzsche*, Barcelona, Editorial Ariel, S. A., 1995.

Schopenhauer (A.), *El arte de tratar a las mujeres*, Bogotá, Villegas Editores, 2005.

Schubart (W.), *Éros & Religión*, Paris, Fayard, 1972.

Sherfey (M.J.), *Naturaleza y evolución de la sexualidad femenina*, Barcelona, Barral Editores, 1977.

Torres (Juana M.), *Los padres de la Iglesia*, Madrid, Ediciones del Orto, 2000.

Van de Pol (Lotte), *La puta y el ciudadano*, Madrid, Siglo XXI de España Editores, 2005.

Vaneigem (R.), *Le Mouvement du Libre-Esprit*, Paris, *L'or des fous Editeur*, 2005.

—, *Nada es sagrado, todo se puede decir*, Barcelona, Editorial Melusina, 2006.

Van Dovsky (L.), *La erótica de los Genios*, Buenos Aires, Santiago Rueda Editor, 1947.

Wallace (I.), *La cama celestial*, Barcelona, Editorial Planeta, 1987.

Wellershoff (D.), *Literatura y principios del placer*, Madrid, Ediciones Guadarrama, Colección Universitaria de Bolsillo, Punto Omega, 1976.

Wilson (C.), *Los inadaptados*, Barcelona, Editorial Planeta, 1989.

Índice de términos inventados por la autora o por lo menos que ella cree que ha inventado

Nota: decía Elfriede Jelinek que la mujer tiene dificultad a la hora de hablar de su sexualidad, sencillamente porque no tiene su propio lenguaje. En la elaboración de este léxico que permita hablar de lo que es, sin decir de quién es, una muy modesta contribución...

---

* El «orgasmo secuencial» es un término que introdujo Shere Hite unos años atrás. Pero, hasta ahora, no se había hablado del genérico «orgasmia secuencial», que, creo, no es lo mismo.

Índice temático

Medicación, 262

Medición, 166, 235, 238

Médico, 61, 80, 95, 104, 262, 263, 284, 287-289

Medida, 236-238

Menopausia, 179, 180

Menstruación, 60, 62, 109

Mentira, 42

Meretriz, 198

Meseta, 81, 137, 138, 162

Método (anticonceptivo), 123, 282

Miedo, 20, 40, 43, 61, 67, 84, 136, 163, 196, 223, 242, 253, 254, 256, 257, 272, 281, 282, 285

Miedoso, 223, 254, 255

Misoginia, 91

Mística, 130, 136

Mito (del andrógino, el), 28

Mito (de Aristófanes, el), 28

Moral (la), 18, 30, 45, 60, 95, 97, 98, 101, 108, 124, 204, 213, 214, 216, 261, 265, 273, 277, 288-290

Moralidad, 235, 266, 268

Moralina, 179, 223

Moralista, 20, 35, 204

Mosca (española), 228

Multiorgasmia, 138, 139

Nalga, 57, 105, 228, 277

Natural, 91, 97, 190

Naturaleza, 89, 91, 96, 97, 225, 287, 288

Naturalidad, 135

Neurosis, 276, 289, 290

Ninfas, 103

Ninfolepsia, 103

Ninfolepto, 103

Ninfómana, 102, 162, 184, 250

Ninfomanía, 29, 102

Niño, 15, 61, 63, 66, 178, 254

Noche (de boda), 108, 109

Normalidad, 166, 173, 198

Ob caenum, 268

Obligación, 76, 124, 191, 192, 202

Obscenidad, 244

Obsceno, 266, 268

Ojo (público), 196

Ojo (social), 60

Onanismo, 139

Orden (moral), 74, 98, 196, 208, 263

Organicidad, 287

Organismo, 162, 281

Organización, 162

Órgano, 238, 241, 243, 245

Orgasmo, 19, 72, 75, 80-82, 85, 86, 96, 116, 126, 136-141, 143-145, 148, 149, 154, 156, 157, 159, 160, 162, 163, 166-169, 184, 186, 237, 243, 256

Orgasmo (simultáneo), 144

Orgía, 50, 102, 162, 201, 275, 276

Orientación (sexual), 278, 279

Paciente, 104, 169, 243, 279, 284

Pacto, 171

Palillero, 114, 237

Nota de la autora: las palabras del índice alfabético que aparecen en cursiva remiten a palabras que no son del idioma castellano (provienen del latín, del griego o de otro idioma).

Índice onomástico

temas 'de hoy.

España
Av. Diagonal, 662-664
08034 Barcelona (España)
Tel. (34) 93 492 80 36
Fax (34) 93 496 70 58
Mail: info@planetaint.com
www.planeta.es

P.º Recoletos, 4, 3.ª planta
28001 Madrid (España)
Tel. (34) 91 423 03 00
Fax (34) 91 423 03 25
Mail: info@planetaint.com
www.planeta.es

Argentina
Av. Independencia, 1668
C1100 ABQ Buenos Aires
(Argentina)
Tel. (5411) 4124 9100
Fax (5411) 4124 9190
Mail: info@eplaneta.com.ar
www.editorialplaneta.com.ar

Brasil
Av. Francisco Matarazzo,
1500, 3.º andar, Conj. 32
Edificio New York
05001-100 São Paulo (Brasil)
Tel. (5511) 3087 88 88
Fax (5511) 3898 20 39
Mail: psoto@editoraplaneta.com.br

Chile
Av. 11 de Septiembre, 2353, piso 16
Torre San Ramón, Providencia
Santiago (Chile)
Tel. Gerencia (562) 431 05 20
Fax (562) 431 05 14
Mail: info@planeta.cl
www.editorialplaneta.cl

Colombia
Calle 73, 7-60, pisos 7 al 11
Bogotá, D.C. (Colombia)
Tel. (571) 607 99 97
Fax (571) 607 99 76
Mail: info@planeta.com.co
www.editorialplaneta.com.co

Ecuador
Whymper, N27-166, y A. Orellana,
Quito (Ecuador)
Tel. (5932) 290 89 99
Fax (5932) 250 72 34
Mail: planeta@access.net.ec
www.editorialplaneta.com.ec

Estados Unidos y Centroamérica
2057 NW 87th Avenue
33172 Miami, Florida (USA)
Tel. (1305) 470 0016
Fax (1305) 470 62 67
Mail: infosales@planetapublishing.com
www.planeta.es

México
Av. Presidente Masarik 111, Piso 2º
Col. Chapultepec Morales
Cp 11570 México
México, D.F. (México)
Tel. (52) 55 30006200
     (52) 55 50029100
Mail: info@planeta.com.mx
www.editorialplaneta.com.mx
www.planeta.com.mx

Perú
Av. Santa Cruz, 244
San Isidro, Lima (Perú)
Tel. (511) 440 98 98
Fax (511) 422 46 50
Mail: rrosales@eplaneta.com.pe

Portugal
Publicações Dom Quixote
Rua Ivone Silva, 6, 2.º
1050-124 Lisboa (Portugal)
Tel. (351) 21 120 90 00
Fax (351) 21 120 90 39
Mail: editorial@dquixote.pt
www.dquixote.pt

Uruguay
Cuareim, 1647
11100 Montevideo (Uruguay)
Tel. (5982) 901 40 26
Fax (5982) 902 25 50
Mail: info@planeta.com.uy
www.editorialplaneta.com.uy

Venezuela
Calle Madrid, entre New York y Trinidad
Quinta Toscanella
Las Mercedes, Caracas (Venezuela)
Tel. (58212) 991 33 38
Fax (58212) 991 37 92
Mail: info@planeta.com.ve
www.editorialplaneta.com.ve

Grupo ● Planeta   Temas de Hoy es un sello editorial del Grupo Planeta   www.planeta.es